AF543046

देशप्रेम
की
सदाबहार कहानियाँ

युवान बुक्स

युवान
बुक्स

देशप्रेम की सदाबहार कहानियाँ

ISBN : 978-81-19745-04-3

© 2023 युवान बुक्स – अनबाउंड स्क्रिप्ट का उपक्रम

प्रकाशक : अनबाउंड स्क्रिप्ट
2/41, अंसारी रोड,
दरियागंज, दिल्ली – 110002

वेबसाइट : **www.unboundscript.com**

ई-मेल : **books@unboundscript.com**

फोन न. : **011-35807601**

DESHPREM KI SADABAHAR KAHANIYAN
Edited *by* Mahesh Verma

मुद्रक : विकास कम्प्यूटर एंड प्रिंटर्स
गाज़ियाबाद, उत्तर प्रदेश

मूल्य : ₹ 125/-

सर्वाधिकार सुरक्षित; लेखक/ प्रकाशक की अनुमति के बिना इस पुस्तक के अंशों का उपयोग नहीं किया जा सकता।

अनुक्रम

दुनिया का सबसे अनमोल रतन

प्रेमचंद

दिलफिगार एक कँटीले पेड़ के नीचे दामन चाक किये बैठा हुआ खून के आँसू बहा रहा था। वह सौन्दर्य की देवी यानी मलका दिलफरेब का सच्चा और जान-देने वाला प्रेमी था। उन प्रेमियों में वही जो इत्र-फुलेल में बसकर और शानदार कपड़ों से सजकर आशिक के वेग में माशूकियत का दम भरते हैं। बल्कि उन सीधे-सादे भोले-भाले फिदाइयों में जो जंगल और पहाड़ों से सर टकराते हैं और फरियाद मचाते फिरते हैं। दिलफरेब ने उससे कहा था कि अगर तू मेरा सच्चा प्रेमी है, तो जा और दुनिया की सबसे अनमोल चीज लेकर मेरे दरबार में आ। तब मैं तुझे अपनी गुलामी में कबूल करूँगी। अगर तुझे वह चीज न मिले तो खबरदार इधर रुख न करना, वर्ना सूली पर खिंचवा दूँगी। दिलफिगार को अपनी भावनाओं के प्रदर्शन का, शिकवे-शिकायत का,

प्रेमिका के सौन्दर्य दर्शन का तनिक भी अवसर न दिया गया। दिलफरेब ने ज्योंही यह फैसला सुनाया उसके चौबदारों ने गरीब दिलफिगार को धक्के देकर बाहर निकाल दिया। और आज तीन दिन से यह आफत का मारा आदमी उसी कँटीले पेड़ के नीचे उसी भयानक-मैदान में बैठा हुआ सोच रहा है कि क्या करूँ। दुनिया की सबसे अनमोल चीज मुझको मिलेगी? नामुमकिन! और वह है क्या? कारूँ का खजाना? आबे हयात? खुसरो का ताज? जामेजम? तख्ते ताऊस? परवेज की दौलत? नहीं, यह चीजें हरगिज नहीं। दुनिया में जरूर इनसे भी महँगी, इनसे भी अनमोल चीजें मौजूद हैं, मगर वह क्या है? कैसे मिलेगी? या खुदा, मेरी मुश्किल क्यों कर आसान होगी।

दिलफिगार इन्हीं खयालों में चक्कर खा रहा था और अक्ल कुछ काम नहीं करती थी। मुनीर शामी को हातिम-सा मददगार मिल गया। ऐ काश, कोई मेरा भी मददगार हो जाता! ऐ काश, मुझे भी उस चीज का, जो दुनिया की सबसे बेशकीमत चीज है, नाम बतला दिया जाता! बला से वह चीजें हाथ न आतीं मगर मुझे इतना तो मालूम हो जाता कि वह किस किस्म की चीज है। मैं घड़े बराबर मोती की खोज में जा सकता हूँ। मैं समुन्दर

का गीत, पत्थर का दिल, मौत की आवाज और इनसे भी ज्यादा बेनिशान चीजों की तलाश में कमर कस सकता हूँ: मगर दुनिया की सबसे अनमोल चीज! यह मेरी कल्पना की उड़ान से बहुत ऊपर है।

आसमान पर तारे निकल आये थे। दिलफिगार यकायक खुदा का नाम लेकर उठा और एक तरफ को चल खड़ा हुआ। भूखा-प्यासा, नंगे बदन, थकन से चूर, वह बरसों वीरानों और आबादियों की खाक छानता फिरा, तलवे कांटों से छलनी हो गये, शरीर में हड्डियां दिखायी देने लगीं मगर वह चीज, जो दुनिया की सबसे बेशकीमती चीज थी, न मिली और न उसका कुछ निशान मिला।

एक रोज वह भूलता-भटकता एक मैदान में जा निकला जहाँ हजारों आदमी गोल बाँधे खड़े थे। बीच में कई अमामे और चोगेवाले दढ़ियल काजी अफसरी शान से बैठे हुए आपस में कुछ सलाह-मशविरा कर रहे थे और इस जमात से जरा दूर पर एक सूली खड़ी थी। दिलफिगार कुछ तो कमजोरी की वजह से और कुछ यहाँ की कैफियत देखने के इरादे से ठिठक गया। क्या देखता है, कि कई लोग नंगी तलवारें लिये, एक कैदी को, जिसके हाथ-पैर में जंजीरें थीं, पकड़े चले आ रहे

हैं। सूली के पास पहुँचकर सब सिपाही रुक गये और कैदी की हथकड़ियाँ-बेड़ियाँ सब उतार ली गयीं। इस अभागे आदमी का दामन सैकड़ों बेगुनाहों के खून के छीटों से रंगीन था और उसका दिल नेकी के ख्याल और रहम की आवाज से जरा भी परिचित न था। उसे काला चोर कहते थे। सिपाहियों ने उसे सूली के तख्ते पर खड़ा कर दिया, मौत की फाँसी उसकी गर्दन में डाल दी और जल्लादों ने तख्ता खींचने का इरादा किया कि वह अभागा मुजरिम चीखकर बोला—खुदा के वास्ते मुझे एक पल के लिए फाँसी से उतार दो ताकि अपने दिल की आखिरी आरजू निकाल लूँ। यह सुनते ही चारों तरफ सन्नाटा छा गया। लोग अचम्भे में आकर ताकने लगे। काजियों ने एक मरने वाले आदमी की अंतिम याचना को रद्द करना उचित न समझा और बदनसीब पापी काला चोर जरा देर के लिए फाँसी से उतार लिया गया।

इसी भीड़ में एक खूबसूरत भोला-भाला लड़का एक छड़ी पर सवार होकर अपने पैरों पर उछल-उछल फ़र्जी घोड़ा दौड़ा रहा था, और अपनी सादगी की दुनिया में ऐसा मगन था कि जैसे वह इस वक्त सचमुच अरबी घोड़े का शहसवार है। उसका चेहरा उस सच्ची खुशी से कमल की तरह खिला हुआ था चन्द दिनों के लिए

बचपन ही में हासिल होती है और जिसकी याद हमको मरते दम तक नहीं भूलती। उसका दिल अभी तक पाप की गर्द और धूल से अछूता था और मासूमियत उसे अपनी गोद में खिला रही थी।

बदनसीब काला चोर फाँसी से उतरा। हजारों आँखें उस पर गड़ी हुई थीं। वह उस लड़के के पास आया और उसे गोद में उठाकर प्यार करने लगा। उसे इस वक्त वह जमाना याद आया जब वह खुद ऐसा ही भोला-भाला, ऐसा ही खुश व खुर्रम और दुनिया की गंदगियों से ऐसा ही पाक-साफ था। माँ गोद मे खिलाती थी, बाप बलाएं लेता था और सारा कुनबा जान न्योछावर करता था। आह, काले चोर के दिल पर इस वक्त बीते हुए दिनों की याद का इतना असर हुआ कि उसकी आँखों से, जिन्होंने दम तोड़ती हुई लाशों को तड़पते देखा और न झपकीं, आँसू, का एक कतरा टपक पड़ा। दिलफिगार ने लपककर उस अनमोल मोती को हाथ मे ले लिया और उसके दिल ने कहा-बेशक यह दुनिया की सबसे अनमोल चीज है जिस पर तख्ते ताऊस और जामेजम और आबे हयात और जरे परवेज सब न्योछावर हैं।

इस ख्याल से खुश होता, कामयाबी की उम्मीद में सरमस्त, दिलफिगार अपनी माशूका दिलफरेब के

शहर मीनोसाबाद को चला। मगर ज्यों-ज्यों मंजिलें तय होती जाती थीं उसका दिल बैठा जाता था कि कहीं उस चीज की, जिसे मैं दुनिया की सबसे बेशकीमत चीज समझता हूँ, दिलफरेब की आँखों में कद्र न हुई तो मैं फाँसी पर चढ़ा दिया जाऊँगा और इस दुनिया से नामुराद जाऊँगा। लेकिन जो हो सो हो, अब तो किस्मत आजमाई है। आखिरकार पहाड़ और दरिया तय करते वह शहर मीनोसबाद में आ पहुँचा और दिलफरेब की ड्योढ़ी पर जाकर विनती की कि थकान से टूटा हुआ दिलफिगर खुदा के फजल से हुक्म की तामील करके आया है, और आपके कदम चूमना चाहता है। दिलफरेब ने फौरन अपने सामने बुला भेजा और एक सुनहरे परदे की ओट से फरमाइश की कि वह अनमोल चीज पेश करो। दिलफिगार ने आशा और भय की एक विचित्र मन:स्थिति में वह बूँद पेश की और उसकी सारी कैफियत बहुत पुरअसर लफ्जों में बयान की। दिलफरेब ने पूरी कहानी बहुत गौर से सुनी और वह भेंट हाथ में लेकर जरा देर तक गौर करने के बाद बोली- दिलफिगार, बेशक तूने दुनिया की एक बेशकीमत चीज ढूंढ़ निकाली, तेरी हिम्मत और तेरी सूझ-बूझ की दाद देती हूँ! मगर यह दुनिया की सबसे बेशकीमती चीज नहीं, इसलिए तू यहाँ से जा और फिर कोशिश कर,

शायद अब की तेरे हाथ वह मोती लगे और तेरी किस्मत में मेरी गुलामी लिखी हो। जैसा कि मैंने पहले ही बतला दिया था, मैं तुझे फाँसी पर चढ़वा सकती हूँ मगर मैं तेरी जाँबख्शी करती हूँ इसलिए कि तुझमें वह गुण मौजूद हैं, जो मैं अपने प्रेमी में देखना चाहती हूँ और मुझे यकीन है कि तू जरूर कभी-न-कभी कामयाब होगा।

नाकाम और नामुराद दिलफिगार इस माशूकाना इनायत से जरा दिलेर होकर बोला-ऐ दिल की रानी, बड़ी मुद्दत के बाद तेरी ड्योढ़ी पर सजदा करना नसीब होता है। फिर खुदा जाने ऐसे दिन कब आएँगे, क्या तू अपने जान देने वाले आशिक के बुरे हाल पर तरस न खायेगी और क्या तू अपने रूप की एक झलक दिखाकर इस जलते हुए दिलफिगार को आनेवाली सख्तियों को झेलने की ताकत न देगी? तेरी एक मस्त निगाह के नशे में चूर होकर मैं वह कर सकता हूँ जो आज तक किसी से न बन पड़ा हो।

दिलफरेब आशिक की यह चाव भरी बातें सुनकर गुस्सा हो गयी और हुक्म दिया कि इस दीवाने को खड़े-खड़े दरबार से निकाल दो। चोबदार ने फौरन गरीब दिलफिगार को धक्का देकर यार के कूचे से बाहर निकाल दिया।

कुछ देर तक तो दिलफिगार अपनी निष्ठुर प्रेमिका की इस कठोरता पर आँसू बहाता रहा, और फिर वह सोचने लगा कि अब कहाँ जाऊँ। मुद्दतों रास्ते नापने और जंगलों में भटकने के बाद आँसू की यह बूँद मिली थी, अब ऐसी कौन-सी चीज है जिसकी कीमत इस आबदार मोती से ज्यादा हो। हजरते खिज्र! तुमने सिकन्दर को आबे हयात के कुएँ का रास्ता दिखाया था, क्या मेरी बाँह न पकड़ोगे? सिकन्दर सारी दुनिया का मालिक था। मैं तो एक बेघरबार मुसाफिर हूँ। तुमने कितनी ही डूबती किश्तियाँ किनारे लगायी हैं, मुझ गरीब का बेड़ा भी पार करो। ए आलीमुकाम जिबरील! कुछ तुम्हीं इस नीमजान दुखी आशिक पर तरस खाओ। तुम खुदा के एक खास दरबारी हो, क्या मेरी मुश्किल आसान न करोगे? गरज यह है कि दिलफिगार ने बहुत फरियाद मचायी मगर उसका हाथ पकड़ने के लिए कोई सामने न आया। आखिर निराश होकर वह पागलों की तरह दुबारा एक तरफ को चल खड़ा हुआ।

दिलफिगार ने पूरब से पश्चिम तक और उत्तर से दक्खिन तक कितने ही जंगलों और वीरानों की खाक छानी, कभी बर्फिस्तानी चोटियों पर सोया, कभी डरावनी घाटियों में भटकता फिरा मगर जिस चीज की धुन थी

वह न मिली, यहाँ तक कि उसका शरीर हड्डियों का एक ढाँचा रह गया।

एक रोज वह शाम के वक्त किसी नदी के किनारे खस्ताहाल पड़ा हुआ था। बेखुदी के नशे से चौंका तो क्या देखता है कि चन्दन की एक चिता बनी हुई है और उस पर एक युवती सुहाग के जोड़े पहने सोलहों सिंगार किये बैठी है। उसकी जाँध पर उसके प्यारे पति का सर है। हजारों आदमी गोल बांधे खड़े हैं और फूलों की बरखा कर रहे हैं। यकायक चिता मे से खुद-ब-खुद एक लपट उठी। सती का चेहरा उस वक्त एक पवित्र भाव से आलोकित हो रहा था, चिता की पवित्र लपटें उसके गले से लिपट गयीं और दम के दम में वह फूल-सा शरीर राख होकर ढेर हो गया। प्रेमिका ने अपने को प्रेमी पर न्योछावर कर दिया और दो प्रेमियों के सच्चे, पवित्र, अमर प्रेम की अन्तिम लीला आँख से ओझल हो गयी। जब सब लोग अपने घरों को लौटे तो दिलफिगार चुपके से उठा और अपने चाक-दामन कुरते में यह राख का ढेर समेट लिया और इस मुट्ठी भर राख को दुनिया की सबसे अनमोल चीज समझता हुआ, सफलता के नशे में चूर, यार के कूचे की तरफ चला। अबकी ज्यों-ज्यों वह मंजिल के करीब आता था, उसकी

हिम्मत बढ़ती जाती थी। कोई उसके दिल में बैठा हुआ कह रहा था-अबकी तेरी जीत है और इस ख्याल ने उसके दिल को जो-जो सपने दिखाये उनकी चर्चा व्यर्थ है। आखिरकार वह शहर मीनोसबाद में दाखिल हुआ और दिलफरेब की ऊँची ड्योढ़ी पर जाकर खबर दी कि दिलफिगार सुर्खरू होकर लौटा है, और हुजूर के सामने आना चाहता है। दिलफरेब ने जांबाज आशिक को फौरन दरबार मे बुलाया और उस चीज के लिए, जो दुनिया की सबसे बेशकीमती चीज थी, हाथ फैला दिया। दिलफिगार ने हिम्मत करके उसकी चांदी जैसे कलाई को चूम लिया और मुट्ठी भर राख को उसकी हथेली मे रखकर सारी कैफियत दिल को पिघला देने वाले लफ्जों में कह सुनायी और अपनी सुन्दर प्रेमिका के होंठों से अपनी किस्मत का मुबारक फैसला सुनने के लिए इन्तजार करने लगा। दिलफरेब ने उस मुट्ठीभर राख को आँखों से लगा लिया और कुछ देर तक विचारों के सागर में डूबे रहने के बाद बोली-ऐ जान निछावर करने वाले आशिक दिलफिगार! बेशक यह राख जो तू लाया है, जिसमें लोहे को सोना कर देने की सिफत है, दुनिया की बहुत बेशकीमत चीज है और मैं सच्चे दिल से तेरी एहसानमन्द हूँ कि तूने ऐसी अनमोल भेंट दी। मगर दुनिया में इससे भी ज्यादा अनमोल चीज है, जा

उसे तलाश कर और तब मेरे पास आ। मैं तहेदिल से दुआ करती हूँ कि खुदा तुझे कामयाब करे। यह कहकर वह सुनहरे परदे से बाहर आयी और माशूकाना अदा से अपने रूप का जलवा दिखाकर फिर नजरों से ओझल हो गई। अभी दिलफिगार के होश-हवास ठिकाने पर न आने पाये थे कि चोबदार ने मुलायमियत से उसका हाथ पकड़कर यार के कूचे से उसको निकाल दिया और फिर तीसरी बार वह प्रेम का पुजारी निराशा के अथाह समुन्दर में गोता खाने लगा।

दिलफिगार का हियाब छूट गया। उसे यकीन हो गया कि मैं दुनिया में उसी तरह नाशाद और नामुराद मर जाने के लिए पैदा किया गया था और अब इसके सिवा और कोई चारा नहीं कि किसी पहाड़ पर चढ़कर नीचे कूद पड़ूँ ताकि माशूक के जुल्मों की फरियाद करने के लिए एक हड्डी भी बाकी न रहे। वह दीवाने की तरह उठा और गिरता-पड़ता एक गगनचुम्बी पहाड़ की चोटी पर जा पहुँचा। किसी और समय वह ऐसे ऊँचे पहाड़ पर चढ़ने का साहस न कर सकता था मगर इस वक्त जान देने के जोश में उसे वह पहाड़ एक मामूली टेकरी से ज्यादा ऊँचा न नजर आया। करीब था कि वह नीचे कूद पड़े कि हरे-हरे कपड़े पहने हुए और हरा अमामा बाँधे एक बुजुर्ग एक हाथ में तसबीह और दूसरे हाथ में लाठी

लिये बरामद हुए और हिम्मत बढ़ाने वाले स्वर में बोले- दिलफिगार, नादान दिलफिगार, यह क्या बुजदिलों जैसी हरकत है! तू मुहब्बत का दावा करता है और तुझे इतनी भी खबर नहीं कि मजबूत इरादा मुहब्बत के रास्ते की पहली मंजिल है? मर्द बन कर हिम्मत न हार। पूरब की तरफ एक देश है जिसका नाम हिन्दोस्तान है, वहाँ जा और तेरी आरजू पूरी होगी।

यह कहकर हजरते खिज्र गायब हो गये। दिलफिगार ने शुक्रिये की नमाज अदा की और ताजा हौंसले, ताजा जोश और अलौकिक सहायता का सहारा पाकर खुश-खुश पहाड़ से उतरा और हिन्दोस्तान की तरफ चल पड़ा।

मुद्दतों तक कांटों से भरे हुए जंगलों, आग बरसाने वाले रेगिस्तानों, कठिन घाटियों और अबंध्य पर्वतों को तय करने के बाद दिलफिगार हिन्द की पाक सरजमीन में दाखिल हुआ और एक ठंडे पानी के सोते में सफर की तकलीफें धोकर थकान के मारे नदी के किनारे लेट गया। शाम होते-होते वह एक चटियल मैदान में पहुँचा जहाँ बेशुमार अधमरी और बेजान लाशें बिना कफन के पड़ी हुई थीं। चील, कौए और वहशी दरिन्दे भरे पड़े थे और सारा मैदान खून से लाल हो रहा था। यह डरावना

दृश्य देखते ही दिलफिगार का जी दहल गया। या खुदा, किस मुसीबत मे जान फँसी, मरनेवालों को कराहना, सिसकना और एड़ियाँ रगड़कर जान देना, दरिन्दों का हड्डियों को नोचना और गोश्त के लोथड़ों को लेकर भागना-ऐसा हौलनाक सीन दिलफिगार ने कभी न देखा था। यकायक उसे ख्याल आया, यह लड़ाई का मैदान है और यह लाशें सूरमा सिपाहियों की हैं। इतने में करीब से कराहने की आवाज आयी। दिलफिगार उस तरफ फिरा तो देखा कि एक लम्बा-तगड़ा आदमी, जिसका मर्दाना चेहरा जान निकलने की कमजोरी से पीला हो गया है, जमीन पर सर झुकाये पड़ा हुआ है। सीने से खून का फव्वारा जारी है, मगर आबदार तलवार की मूठ पंजे से अलग नहीं हुई। दिलफिगार ने एक चीथड़ा लेकर घाव के मुहं पर रख दिया ताकि खून रुक जाये और बोला-ऐ जवाँमर्द, तू कौन है? जवाँमर्द, तू कौन है? जवाँमर्द ने यह सुनकर आँखें खोलीं और वीरों की तरह बोला—क्या तू नहीं जानता मैं कौन हूँ, क्या तूने आज इस तलवार की काट नहीं देखी? मैं अपनी माँ का बेटा और भारत का सपूत हूँ। यह कहते-कहते उसकी त्यौरियों पर बल पड़ गये। पीला चेहरा गुस्से से लाल हो गया और आबदार शमशीर फिर अपना जौहर दिखाने के लिए चमक उठी। दिलफिगार समझ गया कि यह

इस वक्त मुझे दुशमन समझ रहा है, नरमी से बोला-ऐ जवांमर्द, मैं तेरा दुश्मन नहीं हूँ। अपने वतन से निकला हुआ एक गरीब मुसाफिर हूँ। इधर भूलता-भटकता आ निकला। बराय मेहरबानी मुझसे यहाँ की कुल कैफियत बयान कर।

यह सुनते ही घायल सिपाही बहुत मीठे स्वर में बोला-अगर तू मुसाफिर है तो आ और मेरे खून से तर पहलू में बैठ जा क्योंकि यही दो अंगुल जमीन है जो मेरे पास बाकी रह गयी है और जो सिवाय मौत के कोई नहीं छीन सकता। अफसोस है कि तू यहाँ ऐसे वक्त में आया जब तेरा आतिथ्य-सत्कार करने के योग्य नहीं। हमारे बाप-दादा का देश आज हमारे हाथ से निकल गया और इस वक्त हम बेवतन हैं। मगर (पहलू बदलकर) हमने हमलावर दुश्मन को बता दिया जो लाशें तू देख रहा है, यह उन लोगों की हैं, जो इस तलवार के घाट उतरे हैं। (मुस्कराकर) और गो कि मैं बेवतन हूँ, मगर गनीमत है कि दुश्मन की जमीन पर नहीं मर रहा हूँ। (सीने के घाव से चीथड़ा निकालकर) क्या तूने यह मरहम रख दिया? खून निकलने दे, इसे रोकने से क्या फायदा? क्या मैं अपने ही देश में गुलामी करने के लिए जिन्दा रहूँ? नहीं, ऐसी जिन्दगी से मर जाना अच्छा। इससे अच्छी मौत मुमकिन नहीं।

जवाँमर्द की आवाज मद्धिम हो गयी, अंग ढीले पड़ गये, खून इतना ज्यादा बहा कि खुद-ब-खुद बन्द हो गया। रह-रह-कर एकाध बूंद टपक पड़ता था। आखिरकार सारा शरीर बेदम हो गया, दिल की हरकत बन्द हो गयी और आँखें मुंद गयीं। दिलफिगार ने समझा अब काम तमाम हो गया कि मरने वाले ने धीमे से कहा- भारतमाता की जय! और उनके सीने से खून का आखिरी कतरा निकल पड़ा। एक सच्चे देशप्रेमी और देशभक्त ने देशभक्ति का हक अदा कर दिया। दिलफिगार पर इस दृश्य का बहुत गहरा असर पड़ा और उसके दिल ने कहा, बेशक दुनिया में खून के इस कतरे से ज्यादा अनमोल चीज कोई नहीं हो सकती। उसने फौरन खून की बूंद को, जिसके आगे यमन का लाल हेच है, हाथ में ले लिया और इस दिलेर राजपूत की बहादुरी पर हैरत करता हुआ अपने वतन की तरफ रवाना हुआ और सख्तियां झेलता हुआ आखिरकार बहुत दिनों के बाद रूप की रानी मलका दिलफरेब की ड्योढ़ी पर जा पहुँचा और पैगाम दिया कि दिलफिगार सुर्खरू और कामयाब होकर लौटा है और दरबार में हाजिर होना चाहता है। दिलफरेब ने उसे फौरन हाजिर होने का हुक्म दिया। खुद हस्बे मालूम सुनहरे परदे की ओंट में

बैठी और बोली-दिलफिगार, अबकी तू बहुत दिनों के बाद वापस आया है। ला, दुनिया की सबसे बेशकीमत चीज कहाँ है?

दिलफिगार ने मेंहदी-रची हथेलियों को चूमते हुए खून का कतरा उस पर रख दिया और उसकी पूरी कैफियत पुरजोश लहजे में कह सुनायी। वह खामोश भी न होने पाया था कि यकायक यह सुनहरा परदा हट गया और दिलफिगार के सामने हुस्न का एक दरबार सजा हुआ नजर आया, जिसकी एक-एक नाजनीन जुलेखा से बढ़कर थी। दिलफरेब बड़ी शान के साथ सुनहरी मसनद पर सुशोभित हो रही थी। दिलफिगार हुस्न का यह तिलिस्म देखकर अचम्भे में पड़ गया और चित्रलिखित-सा खड़ा रहा कि दिलफरेब मसनद से उठी और कई कदम आगे बढ़कर उससे लिपट गयी। गानेवालियों ने खुशी के गाने शुरू किये, दरबारियों ने दिलफिगार को नजरें भेंट कीं और चाँद-सूरज को बड़ी इज्जत के साथ मसनद पर बैठा दिया। जब वह लुभावना गीत बंद हुआ तो दिलफरेब खड़ी हो गयी और हाथ जोड़कर दिलफिगार से बोली-ऐ जाँनिसार आशिक दिलफिगार! मेरी दुआएँ बर आयीं और खुदा ने मेरी सुन ली और तुझे कामयाब व सुर्खरू किया। आज से तू मेरा मालिक है और मैं तेरी लौंडी!

यह कहकर उसने एक रत्नजटित मंजूषा मँगायी और उसमें से एक तख्ती निकाली जिस पर सुनहरे अक्षरों से लिखा हुआ था-

'खून का वह आखिरी कतरा जो वतन की हिफाजत में गिरे दुनिया की सबसे अनमोल चीज है।'

पुरस्कार

जयशंकर प्रसाद

आर्द्रा नक्षत्र; आकाश में काले-काले बादलों की घुमड़, जिसमें देव-दुंदुभि का गंभीर घोष। प्राची के एक निरभ्र कोने से स्वर्ण पुरुष झाँकने लगा था, दिखने लगी महाराज की सवारी। शैलमाला के अंचल में समतल उर्वरा भूमि से सोंधी बास उठ रही थी। नगर-तोरण से जयघोष हुआ, भीड़ में गजराज का चामरधारी शुण्ड उन्नत दिखाई पड़ा। हर्ष और उत्साह का समुद्र हिलोर भरता हुआ आगे बढ़ने लगा।

प्रभात की हेम किरणों से अनुरंजित नन्हीं नन्हीं बूँदों का एक झोंका स्वर्ण मल्लिका के समान बरस पड़ा।

मंगल सूचना से जनता ने हर्ष ध्वनि की।

रथों, हाथियों और अश्वारोहियों की पंक्ति थी। दर्शकों की भीड़ भी कम न थी। गजराज बैठ गया, सीढ़ियों से महाराज उतरे। सौभाग्यवती और कुमारी सुंदरियों के दो दल, आम्रपल्लवों से सुशोभित मंगल कलश और फूल, कुंकुम तथा खीलों से भरे थाल लिए, मधुर गान करते हुए आगे बढ़े।

महाराज के मुख पर मधुर मुस्कान थी। पुरोहित वर्ग ने स्वस्त्ययन किया। स्वर्ण रंजित हल की मूठ पकड़कर महाराज ने जुते हुए सुन्दर पुष्ट बैलों को चलने का संकेत किया। बाजे बजने लगे। किशोरी कुमारियों ने खीलों और फूलों की वर्षा की।

कोशल का यह उत्सव प्रसिद्ध था। एक दिन के लिए महाराज को कृषक बनना पड़ता। उस दिन इन्द्र पूजन की धूम-धाम होती; गोठ होती। नगर-निवासी उस पहाड़ी भूमि में आनंद मनाते। प्रतिवर्ष कृषि का यह महोत्सव उत्साह से सम्पन्न होता; दूसरे राज्यों से भी युवक राजकुमार इस उत्सव में बड़े चाव से आकर योग देते।

मगध का एक राजकुमार अरुण अपने रथ पर बैठा बड़े कुतूहल से यह दृश्य देख रहा था। बीजों का एक

थाल लिए कुमारी मधुलिका महाराज के साथ थी। बीज बोते हुए महाराज जब हाथ बढ़ाते, तब मधुलिका उनके सामने थाल कर देती। यह खेत मधुलिका का था, जो इस साल महाराज की खेती के लिए चुना गया था; इसलिए बीज देने का सम्मान मधुलिका को ही मिला। वह कुमारी थी, सुंदरी थी। कौशेय वसन उसके शरीर पर इधर-उधर लहराता हुआ स्वयं शोभित हो रहा था। वह कभी उसे सँभालती और कभी अपनी रूखी अलकों को। कृषक बालिका के शुभ्र भाल पर श्रमकणों की भी कमी न थी, वे सब बरौनियों में गुँथे जा रहे थे किन्तु महाराज को बीज देने में उसने शिथिलता नहीं की। सब लोग महाराज का हल चलाना देख रहे थे- विस्मय से, कुतुहल से। और अरुण देख रहा था कृषक कुमारी मधुलिका को। आह! कितना भोला सौंदर्य! कितनी सरल चितवन! उत्सव का प्रधान कृत्य समाप्त हो गया। महाराज ने मधुलिका के खेत को पुरस्कृत किया, थाल में कुछ स्वर्णमुद्राएँ। वह राजकीय अनुग्रह था। मधुलिका ने थाली सिर से लगा ली; किन्तु साथ ही उन स्वर्णमुद्राओं को महाराज पर न्यौछावर करके बिखेर दिया। मधुलिका की उस समय की ऊर्जस्वित मूर्ति लोग आश्चर्य से देखने लगे! महाराज की भृकुटी भी जरा चढ़ी थी कि मधुलिका ने सविनय

कहा- "देव ! यह मेरे पितृ पितामहों की भूमि है। इसे बेचना अपराध है इसलिए मूल्य स्वीकार करना मेरी सामथ्र्य के बाहर है।" महाराज के बोलने के पहले ही वृद्ध मंत्री ने तीखे स्वर से कहा - "अबोध ! क्या बक रही है? राजकीय अनुग्रह का तिरस्कार! तेरी भूमि से चैगुना मूल्य है; फिर कोशल का तो यह सुनिश्चित राष्ट्रीय नियम है। तू आज से राजकीय रक्षण पाने की अधिकारिणी हुई, इस धन से अपने को सुखी बना।"

"राजकीय रक्षण की अधिकारिणी तो सारी प्रजा है मंत्रिवर! महाराज को भूमि समर्पण करने में तो मेरा कोई विरोध न था और न है; किन्तु मूल्य स्वीकार करना असम्भव है"- मधुलिका उत्तेजित हो उठी थी।

महाराज के संकेत करने पर मंत्री ने कहा " देव! वाराणसी युद्ध के अन्यतम वीर सिंहमित्र की एक मात्र कन्या है।" महाराज चौंक उठे- "सिंह मित्र की कन्या! जिसने मगध के सामने कोशल की लाज रख ली थी, उसी वीर की मधुलिका कन्या है ?"

"हाँ, देव!" मंत्री ने सविनय कहा।

"इस उत्सव के परंपरागत नियम क्या हैं, मंत्रिवर?"- महाराज ने पूछा।

"देव! नियम तो बहुत साधारण हैं। किसी भी अच्छी भूमि को इस उत्सव के लिए चुनकर नियमानुसार पुरस्कार स्वरूप उसका मूल्य दे दिया जाता है। वह भी अत्यंत अनुग्रहपूर्वक अर्थात भू-संपत्ति का चौगुना मूल्य उसे मिलता है। उस खेती को वही व्यक्ति वर्ष भर देखता है। वह राजा का खेत कहा जाता है।"

महाराज को विचार संघर्ष से विश्राम की अत्यंत आवश्यकता थी। महाराज चुप रहे। जयघोष के साथ सभा विसर्जित हुई। सब अपने-अपने शिविरों में चले गए, किन्तु मधुलिका को उत्सव में फिर किसी ने न देखा। वह अपने खेत की सीमा पर विशाल मधूक-वृक्ष के चिकने हरे पत्तों की छाया में अनमनी चुपचाप बैठी रही।

रात्रि का उत्सव अब विश्राम ले रहा था। राजकुमार अरुण उसमें सम्मिलित नहीं हुआ। वह अपने विश्राम भवन में जागरण कर रहा था, आँखों में नींद न थी। प्राची में जैसी गुलाली खिल रही थी, वही रंग उसकी आँखों में था। सामने देखा तो मुँडेर पर कपोती एक पैर पर खड़ी पंख फैलाए अँगड़ाई ले रही थी। अरुण उठ खड़ा हुआ।

द्वार पर सुसज्जित अश्व था। वह देखते-देखते नगरतोरण पर जा पहुँचा। रक्षक गण ऊँघ रहे थे, अश्व के पैरों के शब्द से चैंक उठे। युवक कुमार तीर सा निकल गया। सिंधु देश का तुरंग प्रभात के पवन से पुलकित हो रहा था।

घूमता-घूमता अरुण उसी मधूक वृक्ष के नीचे पहुँचा, जहाँ मधुलिका अपने हाथ पर सिर धरे हुए खिन्न निद्रा का सुख ले रही थी। अरुण ने देखा, एक छिन्न माधवी लता वृक्ष की शाखा से च्युत होकर पड़ी है। सुमन मुकुलित, भ्रमर निस्पंद थे। अरुण ने अपने अश्व को मौन रहने का संकेत किया, उस सुषमा को देखने के लिए; परंतु कोकिल बोल उठी।

जैसे उसने अरुण से प्रश्न किया- छि! कुमारी के सोए हुए सौंदर्य पर दृष्टिपात करने वाले धृष्ट, तुम कौन? मधुलिका की आँखे खुल पड़ीं। उसने देखा, एक अपरिचित युवक। वह संकोच से उठ बैठी। "भद्रे ! तुम्हीं न कल के उत्सव की संचालिका रही हो ?"

"उत्सव ! हाँ, उत्सव ही तो था।"

"कल उस सम्मान ...."

"क्यों आपको कल का स्वप्न सता रहा है? भद्र! आप क्या मुझे इस अवस्था में संतुष्ट न रहने देंगे?"

"मेरा हृदय तुम्हारी उस छवि का भक्त बन गया है, देवि।"

"मेरे उस अभिनय का, मेरी विडंबना का। आह! मनुष्य कितना निर्दय है, अपरिचित! क्षमा करो, जाओ अपने मार्ग।"

"सरलता की देवी! मैं मगध का राजकुमार, तुम्हारे अनुग्रह का प्रार्थी हूँ, मेरे हृदय की भावना अवगुंठन में

रहना नहीं जानती। उसे अपनी ....।"

"राजकुमार! मैं कृषक बालिका हूँ। आप नंदनबिहारी और मैं पृथ्वी पर परिश्रम करके जीनेवाली। आज मेरी स्नेह की भूमि पर से मेरा अधिकार छीन लिया गया है। मैं दुःख से विकल हूँ; मेरा उपहास न करो।"

"मैं कोशल नरेश से तुम्हारी भूमि तुम्हें दिलवा दूँगा।"

"नहीं, वह कोशल का राष्ट्रीय नियम है। मैं उसे बदलना नहीं चाहती, चाहे उससे मुझे कितना ही दुःख हो।"

"तब तुम्हारा रहस्य क्या है?"

"यह रहस्य मानव हृदय का है, मेरा नहीं। राजकुमार, नियमों से यदि मानव हृदय बाध्य होता, तो आज मगध के राजकुमार का हृदय किसी राजकुमारी की ओर न खींच कर एक कृषक बालिका का अपमान करने न आता।" मधुलिका उठ खड़ी हुई।

चोट खाकर राजकुमार लौट पड़ा। किशोर किरणों में उसका रत्नकिरीट चमक उठा। अश्व वेग से चला जा रहा था और मधुलिका निष्ठर प्रहार करके क्या स्वयं आहत न हुई ? उसके हृदय में टीस सी होने लगी। वह सजल नेत्रों से उड़ती हुई धूल देखने लगी।

मधुलिका ने राजा का प्रतिपादन, अनुग्रह नहीं लिया। वह दूसरे खेतों में काम करती और चैथे पहर रूखी-सूखी खाकर पड़ी रहती। मधूक वृक्ष के नीचे छोटी-सी पर्णकुटीर थी। सूखे डंठलों से उसकी दीवार बनी थी। मधुलिका का वही आश्रम था। कठोर परिश्रम से जो रूखा-सूखा अन्न मिलता, वही उसकी साँसों को बढ़ाने के लिए पर्याप्त था।

दुबली होने पर भी उसके अंग पर तपस्या की कांति थी। आसपास के कृषक उसका आदर करते। वह एक आदर्श बालिका थी। दिन, सप्ताह, महीने और वर्ष बीतने लगे।

शीतकाल की रजनी, मेघों से भरा आकाश, जिसमें बिजली की दौड़-धूप। मधुलिका का छाजन टपक रहा था। ओढ़ने की कमी थी। वह ठिठुरकर एक कोने में बैठी थी। मधुलिका अपने अभाव को आज बढ़ाकर सोच रही थी। जीवन से सामंजस्य बनाए रखने वाले उपकरण तो अपनी सीमा निर्धारित रखते हैं; परन्तु उनकी आवश्यकता और कल्पना भावना के साथ बढ़ती-घटती रहती है। आज बहुत दिनों बाद उसे बीती हुई बात स्मरण हुई-दो, नहीं-नहीं तीन वर्ष हुए होंगे, इसी मधूक के नीचे प्रभात में, तरुण राजकुमार ने क्या कहा था?

वह अपने हृदय से पूछने लगी - उन चाटुकारी शब्दों को सुनने के लिए उत्सुक-सी वह पूछने लगी-क्या कहा था? दुखदग्ध हृदय उन स्वप्न सी बातों को स्मरण रख सकता था! और स्मरण ही होता, तो भी कष्टों की इस काली निशा में वह कहने का साहस करता? हाय री विडंबना!

आज मधुलिका उस बीते हुए क्षण को लौटा लेने के लिए विकल थी। दारिद्रय की ठोकरों ने उसे व्यथित और अधीर कर दिया है। मगध की प्रासाद- माला के वैभव का काल्पनिक चित्र-उन सूखे डंठलों के रंध्रों से, नभ में बिजली के आलोक में नाचता हुआ दिखाई देने लगा। खिलाड़ी शिशु जैसे - श्रावण की संध्या में जुगनू को पकड़ने के लिए हाथ लपकता है, वैसे ही मधुलिका मन ही मन कह रही थी। अभी वह निकल गया। "वर्षा ने भीषण रूप धारण किया। गड़बड़ाहट बढ़ने लगी, ओले पड़ने की संभावना मधुलिका अपनी जर्जर झोपड़ी के लिए काँप उठी। सहसा बाहर कुछ शब्द हुआ-

"कौन है यहाँ? पथिक को आश्रय चाहिए।"

मधुलिका ने डंठलों का कपाट खोल दिया। बिजली चमक उठी। उसने देखा, एक पुरुष घोड़े की डोर पकड़े खड़ा है। सहसा वह चिल्ला उठी - 'राजकुमार!'

'मधुलिका?' - आश्चर्य से युवक ने कहा।

एक क्षण के लिए सन्नाटा छा गया। मधुलिका अपनी कल्पना को सहसा प्रत्यक्ष देखकर चकित हो गई-

"इतने दिनों के बाद आज फिर!"

अरुण ने कहा -"कितना समझाया मैंने -परन्तु......"

मधुलिका अपनी दयनीय अवस्था पर संकेत करने देना नहीं चाहती थी। उसने कहा- "और आज आपकी यह क्या दशा है?"

सिर झुकाकर अरुण ने कहा- "मैं, मगध का विद्रोही, निर्वासित, कोशल में जीविका खोजने आया हूँ।"

मधुलिका उस अंधकार में हँस पड़ी। मगध के विद्रोही राजकुमार का स्वागत करे एक अनाथिनी कृषक बालिका, यह भी एक विडंबना है, तो भी मैं स्वागत के लिए प्रस्तुत हूँ।"

शीतकाल की निस्तब्ध रजनी, कुहरे से चाँदनी, हाड़ कँपा देने वाला समीर, तो भी अरुण और मधुलिका पहाड़ी गह्वर के द्वार पर वटवृक्ष के नीचे बैठे हुए बातें कर रहे हैं। मधुलिका की वाणी में उत्साह था; किन्तु अरुण जैसे अत्यंत सावधान होकर बोलता।

मधुलिका ने पूछा-"जब तुम इतनी विपन्न अवस्था में हो तो फिर इतने सैनिकों को साथ रखने की क्या आवश्यकता है?"

"मधुलिका! बाहुबल ही तो वीरों की आजीविका है। ये मेरे जीवन-मरण के साथी हैं, भला मैं इन्हें कैसे छोड़ देता? और करता ही क्या?"

"क्यों? हम लोग परिश्रम से कमाते और खाते हैं तो तुम ......।"

"भूल न करो; मैं अपने बाहुबल पर भरोसा करता हूँ। नए राज्य की स्थापना कर सकता हूँ, निराश क्यों हो जाऊँ? अरुण के शब्दों में कंपन था, वह जैसे कुछ कहना चाहता था, पर कह न सकता था।

"नवीन राज्य! ओहो! तुम्हारा उत्साह तो कम नहीं। भला कैसे? कोई ढंग बताओ तो मैं भी कल्पना का आनंद ले लूँ। कल्पना का आनंद नहीं मधुलिका, मैं तुम्हें राजारानी के समान सिंहासन पर बिठाऊँगा! तुम अपने छिने हुए खेत की चिंता करके भयतीत हो।"

एक क्षण में सरल मधुलिका के मन में प्रमाद का अंधड़ बहने लगा, द्वंद्व मच गया। उसने सहसा कहा-

"आह मैं सचमुच आज तक तुम्हारी प्रतीक्षा करती थी, राजकुमार!"

अरुण ढिठाई से उसके हाथों को दबाकर बोला- "तो मेरा भ्रम था, तुम सचमुच मुझे प्यार करती हो?"

युवती का वक्षस्थल फूल उठा, वह हाँ भी नहीं कह सकी, ना भी नहीं। अरुण ने उसकी अवस्था का अनुभव कर लिया। कुशल मनुष्य के समान उसके अवसर को हाथ से न जाने दिया। तुरंत बोल उठा- तुम्हारी इच्छा हो तो प्राणों से पण लगाकर मैं तुम्हें इस कोशल सिंहासन पर बिठा दूँ। मधुलिके। अरुण के खड्‌ग का आतंक देखोगी?" "मधुलिका एक बार काँप उठी। वह कहना चाहती थी- नहीं; किन्तु उसके मुँह से निकला-"क्या?"

"सत्य मधुलिका, कोशल नरेश तभी से तुम्हारे लिए चिंतित हैं। यह मैं जानता हूँ, तुम्हारी साधारण-सी प्रार्थना वे अस्वीकार न करेंगे। और मुझे यह भी विदित है कि कोशल के सेनापति अधिकांश सैनिकों के साथ पहाड़ी दस्युओं का दमन करने के लिए बहुत दूर चले गए हैं।"

मधुलिका की आँखों के आगे बिजलियाँ हँसने लगीं। दारुण भावना से उसका मस्तक झंकृत हो उठा।

अरुण ने कहा, "तुम बोलती नहीं हो?"

"जो कहोगे वह करूँगी।" मंत्रमुग्ध-सी मधुलिका ने कहा। स्वर्णमंच पर कोशल नरेश अर्द्धनिद्रित अवस्था में आँखें मुकुलित किए हैं। एक चामरधारिणी युवती पीछे खड़ी अपनी कलाई बड़ी कुशलता से घुमा रही है। चामर के शुभ्र आंदोलन उस कोष्ठ में धीरे-धीरे संचालित हो रहे हैं। तांबूल वाहिनी प्रतिमा के समान दूर खड़ी है।

प्रतिहारी ने आकर कहा- "जय हो देव! एक स्त्री कुछ प्रार्थना करने आई है।"

आँखें खोलते हुए महाराज ने कहा-"स्त्री ! प्रार्थना करने आई है ? आने दो।"

प्रतिहारी के साथ मधुलिका आई। उसने प्रणाम किया। महाराज ने स्थिर दृष्टि से उसकी ओर देखा और कहा - 'तुम्हें कहीं देखा है?'

"तीन बरस हुए देव! मेरी भूमि खेती के लिए ली गई थी।"

"ओह! तो तुमने इतने दिन कष्ट में बिताए, आज उसका मूल्य माँगने आई हो, क्यों? अच्छा-अच्छा तुम्हें मिलेगा। प्रतिहारी!"

"नहीं महाराज, मुझे मूल्य नहीं चाहिए।"

"मूर्ख! फिर क्या चाहिए?"

"उतनी ही भूमि, दुर्ग के दक्षिणी नाले के समीप की जंगली भूमि, वहीं मैं अपनी खेती करूँगी। मुझे एक सहायक मिल गया है। वह मनुष्यों से मेरी सहायता करेगा, भूमि को समतल भी तो बनाना होगा।"

महाराज ने कहा- "कृषक बालिके! वह बड़ी ऊबड़-खाबड़ भूमि है। तिस पर वह दुर्ग के समीप एक सैनिक महत्व रखती है।"

"तो फिर निराश लौट जाऊँ?"

"सिंहमित्र की कन्या! मैं क्या करूँ? तुम्हारी यह प्रार्थना ...."

"देव! जैसी आज्ञा हो!"

"जाओ, तुम श्रवजीवियों को उसमें लगाओ। मैं अमात्य को आज्ञापत्र देने का आदेश करता हूँ।" '

जय हो देव!- कहकर प्रणाम करती हुई मधुलिका राज मंदिर के बाहर आई।

दुर्ग के दक्षिण, भयावने नाले के तट पर, घना जंगल है। आज मनुष्यों के पद संचार से शून्यता भंग हो रही थी। अरुण के छिपे हुए मनुष्य स्वतंत्रता से इधर-उधर घूमते थे। झाड़ियों को काटकर पथ बन रहा था। नगर दूर था, फिर उधर यों ही कोई नहीं आता था। फिर अब तो महाराज की आज्ञा से वहाँ मधुलिका का अच्छा-सा खेत बन रहा था। तब इधर की किसको चिंता होती?

एक घने कुंज में अरुण और मधुलिका एक-दूसरे को हर्षित नेत्रों से देख रहे थे। संध्या हो चली थी। उस निविड़ वन में उन नवागत मनुष्यों को देखकर पक्षीगण अपने नीड़ को लौटते हुए अधिक कोलाहल कर रहे थे।

प्रसन्नता से अरुण की आँखें चमक उठीं। सूर्य की अंतिम किरणें झुरमुट में घुसकर मधुलिका के कपोलों से खेलने लगीं। अरुण ने कहा-"चार प्रहर और विश्राम करो, प्रभात में ही इस जीर्ण कलेवर कोशल राष्ट्र की राजधानी श्रावस्ती में तुम्हारा अभिषेक होगा और मगध से निर्वासित मैं एक स्वतंत्र राष्ट्र का अधिपति बनूँगा

मधुलिके!"

"भयानक! अरुण, तुम्हारा साहस देख मैं चकित हो रही हूँ। केवल सौ सैनिकों से तुम........"

"रात के तीसरे प्रहर में मेरी विजय यात्रा होगी।"

"तो तुमको इस विजय पर विश्वास है?"

"अवश्य! तुम अपनी झोपड़ी में यह रात बिताओ; प्रभात से तो राज मंदिर ही तुम्हारा लीला निकेतन बनेगा।

मधुलिका प्रसन्न थी; किन्तु अरुण के लिए उसकी कल्याण कामना सशंक थी। वह कभी-कभी उद्विग्न-सी होकर बालकों के समान प्रश्न कर बैठती। अरुण उसका समाधान कर देता। सहसा कोई संकेत पाकर उसने कहा-"अच्छा अंधकार अधिक हो गया। अभी तुम्हें दूर जाना है और मुझे भी प्राणपण से इस अभियान के प्रारंभिक कार्यों को अर्धरात्रि तक पूरा कर लेना चाहिए; तब रात्रि भर के लिए विदा मधुलिके!"

मधुलिका उठ खड़ी हुई। कँटीली झाड़ियों से उलझती हुई क्रम से बढ़ने वाले अंधकार में वह झोपड़ी की ओर चली।

पथ अंधकारमय था और मधुलिका का हृदय भी निविड़तम से घिरा था। उसका मन सहसा विचलित हो उठा, मधुरता नष्ट हो गई। जितनी सुख-कल्पना थी, वह जैसे अंधकार में विलीन होने लगी। वह भयभीत थी,

पहला भय उसे अरुण के लिए उत्पन्न हुआ, यदि वह सफल न हुआ तो? फिर सहसा सोचने लगी- वह क्यों सफल हो? श्रावस्ती दुर्ग एक विदेशी के अधिकार में क्यों चला जाए? मगध कोशल का चिर शत्रु! ओह उसकी विजय!

कौशल नरेश ने क्या कहा था-'सिंहमित्र की कन्या।' सिंहमित्र, कोशल का रक्षक वीर, उसी की कन्या आज क्या करने जा रही है? नहीं, नहीं। 'मधुलिका! मधुलिका!' जैसे उसके पिता उस अंधकार में पुकार रहे थे। वह पगली की तरह चिल्ला उठी। रास्ता भूल गई।

महाराज ने स्थिर नेत्रों से देखकर कहा -"सिंहमित्र की कन्या फिर यहाँ क्यों? क्या तुम्हारा क्षेत्र नहीं बन रहा है? कोई बाधा? सेनापति! मैंने दुर्ग के दक्षिणी नाले के समीप की भूमि इसे दी है। क्या उसी संबंध में तुम कहना चाहते हो?"

"देव! किसी गुप्त शत्रु ने उसी ओर से आज की रात में दुर्ग पर अधिकार कर लेने का प्रबंध किया है और इसी स्त्री ने मुझे पथ में यह संदेश दिया है।" राजा ने मधुलिका की ओर देखा। वह काँप उठी। घृणा और लज्जा से वह गड़ी जा रही थी। राजा ने पूछा-"मधुलिका, यह सत्य है?"

"हाँ देव!"

राजा ने सेनापति से कहा-"सैनिकों को एकत्र करके तुम चलो, मैं अभी आता हूँ।" सेनापति के चले जाने पर राजा ने कहा-"सिंहमित्र की कन्या! तुमने एक बार फिर कोशल का उपकार किया। यह सूचना देकर तुमने पुरस्कार का काम किया है। अच्छा, तुम यहीं ठहरो। पहले उन आततायियों का प्रबंध कर लूँ।

अपने साहसिक अभियान में अरुण बंदी हुआ और दुर्ग उल्का के आलोक में अतिरंजित हो गया। भीड़ ने जयघोष किया। सबके मन में उल्लास था। श्रावस्ती दुर्ग आज एक दस्यु के हाथ में जाने से बचा। आबाल वृद्ध, नारी आनंद से उन्मत्त हो उठे।

उषा के आलोक में सभा मण्डप दर्शकों से भर गया। बन्दी अरुण को देखते ही जनता ने रोष से हुंकार करते हुए कहा -"वध करो!" राजा ने सबसे सहमत होकर आज्ञा दी। "प्राणदंड!" मधुलिका बुलाई गई। वह पगली-सी आकर खड़ी हो गई। कोशल नरेश ने पूछा- "मधुलिका, तुझे जो पुरस्कार लेना हो, माँग।" वह चुप रही।

राजा ने कहा- "मेरी निज में जितनी खेती है, मैं सब तुझे देता हूँ।" मधुलिका ने एक बार बंदी अरुण की ओर देखा। उसने कहा-"मुझे कुछ न चाहिए। अरुण हँस पड़ा। राजा ने कहा-"नहीं मैं तुझे अवश्य दूँगा।

माँग ले।"

"तो मुझे भी प्राणदंड मिले।" कहती हुई वह बंदी अरुण के पास जा खड़ी हुई।

शहीद इब्राहीम गार्दी

वृंदावनलाल वर्मा

'इस क़ैदी को शाह के सुपुर्द कीजिये।'

अहमदशाह अब्दाली के दूत ने अवध के नवाब शुजाउद्दौला से युद्ध की समाप्ति पर कहा।

सन् 1761 में पानीपत के युद्ध में मराठे हार गये थे। कई सरदारों के साथ मराठों का सरदार इब्राहिम गार्दी भी पकड़ लिया गया। वह अन्त तक लड़ता रहा था और घायल हो जाने के कारण पकड़ लिया गया था। घायल इब्राहिम गार्दी को नवाब शुजाउद्दौला के टोले में, जो अफ़गान शाह अहमदशाह अब्दाली की छावनी के भीतर ही था, पकड़ कर रख लिया गया। अवध का नवाब घायल सरदार का वध नहीं करना चाहता था, परन्तु अहमदशाह के रुहेले सलाहकारों और स्वयं

अहमदशाह को इब्राहिमख़ाँ के नाम से घृणा थी। वह अकस्मात शुजाउद्दौला के सिपाहियों के हाथ पड़ गया था। अहमद शाह को इब्राहिम के पकड़े जाने और शुजा के टोले में होने का समाचार मिल गया। इसलिये उसने इब्राहिम को अपने सामने पेश किये जाने के लिये शुजा के पास दूत भेजा।

शुजाउद्दौला इब्राहिम की उपस्थिति से इनकार न कर सका। उसने अनुरोध किया, 'इब्राहिमखाँ काफ़ी घायल हो गया है। अच्छा हो जाने पर पेश कर दूंगा।'

दूत ने अपने शाह का हठ प्रकट किया,-'उसको हर हालत में इसी पल जाना होगा।'

शुजा का प्रतिवाद क्षीण पड़ गया। फिर भी उसने कहा, 'सोचिये इब्राहिम मराठों के दस हजार सिपाहियों का सालार था। घायल हुआ। अब कैद में है। कम से कम इस वक्त तो नहीं बुलाया जाना चाहिये।

दूत ने नहीं माना। उसको अहमदशाह अब्दाली का स्पष्ट आदेश था। शुजाउद्दौला को उस आदेश का पालन करना पड़ा।

मराठों के प्रधान सेननायक सदाशिवराव भाऊ का सिर कट कर पहले ही आ चुका था। वह भी नितान्त घायल अवस्था में ही अब्दाली के सिपाहियों के हाथ लग सका था। बालाजी बाजीराव पेशवा का पुत्र विश्वासराव भी पानीपत की लड़ाई में उसी दिन मारा गया था। संध्या के पूर्व ही उसका सिर भी कटकर आ गया।

विश्वासराव का सौन्दर्य मृत्यु के सिर पर भी खेल रहा था। अध मुंदी आँखें, स्वाभाविक अर्थ विस्फोत मुस्कान-मानो यमराज को भी मुग्ध कर लेने की ठान रही हों। उसके अनिर्वचनीय रूप की महिमा को सुनकर रक्त में सने हुये अनेक अफ़गान सरदार और सिपाही ठट के ठट बाँधकर जमा हो गये। उन्होंने अपने डेरों के सामने लड़ाई में मारे गये हिन्दुस्थानी सिपाहियों के मुण्डों के ढेर लगा रखे थे जिनके समक्ष ये नाच-कूद कर जशन मना रहे थे। विश्वासराव का सौन्दर्य हिन्दुस्थान भर में विख्यात था। उसके कटे हुए सिर को देखने के लिये वे उस जशन को छोड़कर दौड़े आये। 'क्या मनुष्य इतना सुन्दर हो सकता है। उनकी बर्बरता बारबार प्रश्न कर रही थी।

वे चिल्ला उठे,- 'हम हिन्दुओं के शाह को काबुल ले जायेंगे। इसकी लाश को हमेशा तेल में रखेंगे। उनके बढ़ते हुए हठ को देखकर अब्दाली के रुहेले सलाहकार ने अनुरोध किया, 'हटाइये इसको; फिकवा दीजिये कहीं।'

उसने यही सम्मति सदाशिवराव के शव के लिये भी पेश की। अहमदशाह ने मान लिया।

इसके बाद अहमदशाह के सामने इब्राहिम गार्दी लाया गया। अहमदशाह ने पूछा- 'तुम मराठों की दस पल्टनों के जनरल थे ?' उसने उत्तर दिया- 'ज़रूर था।'

'पहले तुम फ्रांसीसियों के नौकर थे ?'

'था, तभी तो गार्दी कहलाता हूँ।'

'फिर हैदराबाद के निज़ाम के यहां नौकर हुए ?'

'सही है।'

'तुमने निज़ाम की नौकरी क्यों छोड़ दी?'

'क्योंकि निज़ाम के रवैये को मैंने अपने उसूल के खिलाफ पाया।'

'तुम्हारे उसूल ! तुमने फिरंगी ज़बान भी पढ़ी है?'

'जी हाँ।'

'मुसलमान होकर फिरंगी ज़बान पढ़ी! फिर मराठों की नौकरी की!! खैर। अब जो कुछ तुमने किया उस पर तुमको तोबा करनी चाहिए। तुमको शर्म आनी चाहिए,

घावों की परवाह न करते हुए इब्राहिम बोला- 'तोबा और शर्म? आप क्या कहते हैं अफगान शाह? आपके देश में अपने मुल्क की मुहब्बत और खून देने वालों को क्या तोबा करनी पड़ती है? और, क्या उसके लिए सिर नीचा करना पड़ता है।'

'तुम जानते हो कि किसके सामने हो? किससे बातें कर रहे हो?' अहमदशाह ने तेज़ होकर कहा।

'जानता हूँ। और, नहीं भी जानता हूँगा तो जान जाऊँगा। पर यह यकीन है कि आप खुदा के फरिश्ते नहीं हैं।'

'मैं इतनी बड़ी फतह के बाद गुस्से को नहीं आने देना चाहता। ताज्जुब है, मुसलमान होकर तुमने जिन्दगी को इस तरह बिगाड़ा!'

'तब आप यह जानते ही नहीं कि मुसलमान कहते किसको हैं। जो अपने मुल्क के साथ घात करे, जो अपने मुल्क को बरबाद करने वाले परदेसियों का साथ दे, वह मुसलमान नहीं।'

'मुझको मालूम हुआ है, तुम फिरंगियों के कायल रहे हो। उनकी शागिर्दी में ही तुमने यह सब सीखा है। क्या तुम नमाज़ पढ़ते हो?'

'हमेशा; पाँचों वक्त।'

अहमदशाह के चेहरे पर व्यंग भरी मुस्कराहट आई और आँखों में वध की क्रूरता। बोला, 'फिरंगी या मराठी ज़बान में नमाज़ पढ़ते होगे! खुदा को राम कहते होगे!'

इब्राहिम ने घावों की पीड़ा दबाते हुए कहा, 'क्या खुदा अरबी, फारसी या पश्तो ज़बानों को ही समझता है? क्या वह मराठी या फ्रांसीसी को नहीं जानता? क्या राम खुदा नहीं है और क्या खुदा राम नहीं है?'

अहमदशाह अब्दाली की नाक में नासूर था। उसमें से फुफकार निकल पड़ी।

बोला, 'क्यों कुफ्र बकता है? तोबा कर; नहीं तो टुकड़े-टुकड़े कर दिये जायेंगे।'

'मेरे इस तन के टुकड़े हो जाने से रूह के टुकड़े तो होंगे नहीं।' इब्राहिम ने दृढ़ स्वर में कहा।

घायल इब्राहिम के ठंडे स्वर से अहमदशाह की क्रूरता कुण्ठित हुई। एक क्षण सोचने के बाद बोला, 'अच्छा, हम तुमको तोबा करने के लिए वक्त देते हैं। तोबा कर लो तो हम तुमको छोड़ देंगे। अपनी फौज में अच्छी नौकरी भी देंगे। तुम फिरंगी तरीके पर हमारी फौज के कुछ दस्ते तैयार करो।'

कराह को दबाये हुए इब्राहिम के ओठों पर एक रीनी-झीनी हँसी आ गई। इब्राहिम अहमदशाह के उस खिलवाड़ को समाप्त करना चाहता था।

उसने कहा, 'अगर छूट पाऊँ तो पूना में ही फिर पल्टने तैयार करूं और फिर इसी पानीपत के मैदान में उन अरमानों को निकालू जिनको निकाल नहीं पाया और जो मेरे कलेजे में धधक रहे हैं।'

'अब समझ में आ गया-तुम असल में बुतपरस्त हो।'

'ज़रूर हूँ, लेकिन मैं ऐसी बुत को पूजता हूँ जो दिल में बसी हुई है और ख्याल में मीठी है। जिन बुतों को बहुत से हिन्द पूजते हैं और आप लोग भी, मैं उनको नहीं पूजता।'

'हम लोग भी ! खबरदार !'

'हाँ, आप लोग भी। मरे हुए सिपाहियों के सिरों के ढेर जो हर तम्बू के सामने लगाए गए हैं और जिन के सामने आप के पठान और रुहेले सिपाही नाच नाचकर जश्न मना रहे हैं, वह सब क्या है? क्या यह बुतपरस्ती नहीं? हिन्दुओं की और आप लोगों की बुतपरस्ती में सिर्फ इतना ही फर्क है कि जिन बुतों को वे पूजते हैं उनसे खून नहीं बहता और न बदबू आती है।'

'हूँ! तुम बहुत बदज़बान हो!' तुम्हारा भी वही हाल किया जायगा जो तुम्हारे सदाशिवराव भाऊ का हुआ है।'

पीड़ित, चकित, इब्राहिम के मुंह से निकल पड़ा,- 'क्यों। उनका क्या हुआ।'

उत्तर मिला,- 'मार दिया गया, सिर काट लिया गया।'

'ओफ़!' घायल इब्राहिम ने दोनों हाथों से सिर थाम कर कहा।

अब्दाली को उसकी पीड़ा रुची। बोला, 'और तुम लोगों का वह खूबसूरत छोकरा विश्वासराव भी मारा गया।'

इब्राहिम की बुझती हुई आँखों के सामने और भी अंधेरा छा गया। उसने कम्पित, कुपित स्वर में कहा, 'विश्वासराव! विश्वासराव!! मेरे मुल्क का नाज़!!! मेरे सिपाहियों के हौसले का ताज !!! ओफ़', इब्राहिम गिर पड़ा!

हल्दी घाटी में

आचार्य चतुरसेन शास्त्री

वर्षा ऋतु थी, लेकिन पानी नहीं बरसता था। हवा बन्द थी। बहुत गर्मी और उमस थी। एक पहर दिन चढ़ चुका था। कभी-कभी धूप चमक जाती थी। आकाश में बादल छाए हुए थे। अरावली की पहाड़ियों में, हल्दी घाटी की दाहिनी ओर एक ऊँची चोटी पर, दो आदमी जल्दी-जल्दी अपने शरीर पर हथियार सजा रहे थे। एक आदमी बलिष्ठ शरीर, लम्बे कद, चौड़ी छाती वाला था। उसकी घनी और काली मूंछें ऊपर को चढ़ी हुई थीं और आँखें सुर्ख अंगारे की तरह दहक रही थीं। वह सिर से पैर तक फौलादी जिरह-बख्तर से सजा हुआ था। इस आदमी की उम्र कोई चालीस वर्ष की होगी। उसका बदन ताम्बे की भाँति दमक रहा था।

दूसरा आदमी भी लम्बे कद का था, किन्तु वह पहले आदमी की अपेक्षा दुबला-पतला था। वह अपनी दाढ़ी को बीच में से चीरकर कानों में लपेटे हुए था। उसके सिर पर कुसुम रंग की पगड़ी बँधी हुई थी। उसके शरीर पर भी लोहे के जिरह बख्तर थे। एक बहुत बड़ी ढाल उसकी पीठ पर थी और दो सिरोहियाँ उसकी कमर में बँधी हुई थीं। पहला व्यक्ति अपने सिर पर फौलादी टोप पहने हुए था, परन्तु वह ठीक जंचता नहीं था। दूसरे व्यक्ति ने आगे बढ़कर कहा, "घणीखम्मा अन्नदाता! आज का दिन हमारे जीवन के लिए बहुत महत्त्व का है। यदि आज नहीं, तो फिर कभी नहीं!" उसने आगे बढ़कर पहले आदमी के झिलमिले टोप को ठीक तरह से कस दिया, और फिर एक विशालकाय भाला उठाकर उस व्यक्ति के हाथ में दे दिया।

पहले व्यक्ति ने मर्मभेदिनी दृष्टि से अपने साथी को देखा। उसने मज़बूती से अपनी मुट्ठी में भाले को पकड़ा और मेघगर्जना की भाँति गम्भीर स्वर में कहा, "ठाकरां, तुम ने ठीक कहा-आज नहीं तो फिर कभी नहीं!"

वह पहला व्यक्ति मेवाड़ का राणा, हिन्द-पति प्रताप था और दूसरा सरदार ग्वालियर का रामसिंह तंवर था। सरदार ने अपनी कमर में दूध की भाँति सफेद पटका

बाँधते हुए कहा, "अन्नदाता! आज हमारी तलवार अपनी बहुत दिनों की अभिलाषा पूरी करेगी। आज हम अपनी स्वाधीनता के युद्ध में अपने जीवन को सफल करेंगे, जीतकर या हारकर!"

प्रताप ने कहा, "बिल्कुल ठीक, यही होगा! मैं आज उस भाग्यहीन राजपूत कुल-कलंक को, जिसने अपनी वंश की आन को नहीं, राजपूत-मात्र के वंश को कलंकित किया है, इस अपराध के लिए दण्ड दूंगा!" वह एक बार फिर अपनी पूरी ऊँचाई तक तनकर खड़ा हो गया और उसने एक बार अपने उस विशालकाय भाले को अपने विशाल भुजदण्ड पर तौला।

सरदार ने अचानक चौंक कर कहा, "अन्नदाता! आपकी यह मणि तो यहीं पर रह गयी।" यह कहकर उसने पत्थर की चट्टान पर पड़ी हुई एक देदीप्यमान मणि उठाकर प्रताप के दाहिने भुजदण्ड पर बाँध दी। वह सूर्य के समान चमकती हुई मणि थी। उसे देख प्रताप ने हँसकर कहा "वाह, इस अमूल्य मणि को तो मैं भूल ही गया था! परन्तु ठाकरां, सच बात तो यह है कि अब भूलने के लिए मेरे पास बहुत कम चीजें रह गयी हैं।"

सरदार ने हाथ जोड़कर विनीत स्वर में कहा, "स्वामी, आपका जीवन और आपका यह भाला जब तक सुरक्षित है, तब तक आपको संसार की किसी बहुमूल्य वस्तु की चिन्ता करने की जरूरत नहीं। हमारे जीवन की सबसे बहुमूल्य वस्तु तो हमारी स्वतन्त्रता है! अगर हम उसकी रक्षा कर सकें, तो हमें ऐसी छोटी-मोटी मणियों की कोई आवश्यकता नहीं रहेगी।"

राणा ने मुस्कराकर वृद्ध सरदार की ओर देखा। सरदार बड़े मनोयोग से वह मणि राणा के दाहिने भुजदण्ड पर बाँध रहा था। प्रताप ने मुस्कराकर कहा, "किन्तु ठाकरां, क्या सचमुच आपको इस किंवदन्ती में विश्वास है कि जो कोई इस चमत्कारी मणि को पास में रखेगा, वह युद्ध में अजेय और सुरक्षित रहेगा!"

सरदार ने गम्भीरता से कहा, "अन्नदाता, बूढ़े लोगों से यही सुनते आये हैं!"

प्रताप ने एक बार फिर अपने भाले को हिलाया, "तब ठीक है, आज इस बात की परीक्षा हो जाएगी! परन्तु ठाकरां, इस बात का फैसला कैसे होगा कि इस मणि का प्रभाव सबसे अधिक है या मेरे इस मित्र का?" उसने गर्वपूर्ण दृष्टि से अपने भाले की तरफ देखा, उसे एक बार फिर हिलाया। सूर्य के उस धुन्धले प्रकाश में, उसकी

बिजली के समान चमक उसकी आँखों में कौंध मार गयी। उसने अपने होठों को सम्पुट में कस लिया और एक बार फिर भाले को अपनी मुट्ठी में कसकर पकड़ा और कहा, "मेरे प्यारे सरदार, जब तक यह वज्रमणि मेरे हाथ में है, मुझे किसी दूसरी मणि की परवाह नहीं!"

पर्वत की उपत्यका से सहस्रों कण्ठ-स्वरों का जयघोष सुनाई पड़ा। राणा ने कहा, "सेना तैयार दिखती है। अब हम लोगों को भी चलना चाहिए।" वह आगे बढ़ा और बुड्ढा सरदार राणा के पीछे-पीछे।

बीस हज़ार राजपूत योद्धा उपत्यका के समतल मैदान में व्यूह-बद्ध खड़े थे। घोड़े हिनहिना रहे थे और योद्धाओं की तलवारें झनझना रही थीं। उस समय धूप कुछ तेज हो गयी थी, बादल फट गये थे, सुनहरी धूप में योद्धाओं के जिरह-बख्तर और उनके भालों की नोकें बिजली की तरह चमक रही थीं। वे सब लौह-पुरुष थे। युद्ध के सच्चे व्यवसायी। जो मृत्यु के साथ खेलते थे और जिन्होंने जीवन को विजित कर लिया था। वे देश और जाति के पिता थे। वे वीरों के वंशधर थे और स्वयं भी वीर थे। वे अपनी लोहे की छाती की दीवारें बनाये निश्चल खड़े हुए थे। चारण और बन्दीगण कड़खे की ताल पर विरुद्ध गा रहे थे। धौंसे बज रहे थे। घोड़े और सिपाही-सभी उतावले हो रहे थे।

सेना के अग्रभाग में एक छोटा-सा हरियाली का मैदान था। उसमें 17 योद्धा सिर से पैर तक शस्त्रों से सजे हुए खड़े थे। उनके घोड़े उन्हीं के पास थे और वे सब भी जिरह-बख्तर से सुसज्जित थे। सेवक उनकी बागडोर पकड़े हुए थे। वे मेवाड़ के चुने हुए सरदार थे, जो अपने राणा की प्रतीक्षा में खड़े हुए थे।

सिंह की भाँति राणा ने उनके बीच पदार्पण किया। सहस्रों सरदार पृथ्वी पर झक गये। उनकी तलवारें खनखना उठीं और पीठ पर बंधी हई बड़ी ढालें हिल पड़ीं। सेना ने महाराणा को देखते ही वज्रध्वनि से जयघोष किया। प्रताप ने एक ऊँचे टीले पर खड़े होकर, अपने सरदारों और सेना को सम्बोधित करके कहा, "मेरे प्यारे वीरों के वंशधरो! आज हम वह कार्य करने जा रहे हैं, जिसे हमारे पूर्वजों ने हमेशा किया है। हम आज मरेंगे अथवा विजय प्राप्त करेंगे। हमारा इस युद्ध में कोई स्वार्थ नहीं है। हम केवल इसलिए युद्ध कर रहे हैं कि हमारी स्वतन्त्रता में हस्तक्षेप हो रहा है। क्या यहाँ पर कोई ऐसा राजपूत है, जो पराया गुलाम बना रहना पसन्द करे? उसे मेरी तरफ से छुट्टी है, वह अपना प्राण लेकर यहाँ से अलग हो जाए। परन्तु जिसने क्षत्राणी का दूध पिया, उसके लिए आज जीवन का सबसे बड़ा दिन

है! आज उसे अपने जीवन की सबके बड़ी साध पूरी करनी चाहिए।"

इसके बाद प्रताप ने एक ललकार उठायी और उच्च स्वर से पुकार-कर कहा, "वीरों! क्या तुम्हारे पास तलवारें हैं?" राणा ने फिर उसी तेजस्वी स्वर में कहा, "और तुम्हारी कलाइयों में उन्हें मजबूती से पकड़े रखने के लिए बल है?"

सेना ने जयनाद किया। हज़ारों कण्ठ चिल्लाकर बोले, "हम जीते जी और मर जाने पर भी अपनी तलवारों को नहीं छोड़ेंगे, हममें यथेष्ट बल है!"

राणा ने सतेज स्वर में कहा, "तब चलो! हम अपनी स्वाधीनता के युद्ध में अपने जीवन और अपने पुरखों के नाम को सार्थक करें।"

इस गगनभेदी वाणी से सारा वातावरण उत्साह से भर गया। प्रताप उछलकर घोड़े पर सवार हो गये और सरदारों ने तुरन्त उन्हें चारों ओर से घेर लिया। पहाड़ी नदी के तीव्र प्रवाह की भाँति वह लौह-पुरुषों का दल अग्रसर हुआ। धौंसा बज रहा था और कड़खे के ताल पर चारण और बन्दीगण सिपाहियों की प्रत्येक टुकड़ी के आगे उनके पूर्वजों की विरुदावलियाँ ओज-भरे शब्दों में गाते हुए चल रहे थे।

मुगल सैन्य एक लाख से अधिक था, जिसमें 60 हज़ार चुने हुए घुड़सवार थे। उसमें तुर्क, तातार, यवन, ईरानी और पठान, सभी योद्धा थे। सवारों के पीछे हाथियों का दल था और उन पर धनुर्धारी योद्धा सवार थे। दाहिनी तरफ मानसिंह तीस हज़ार कछवाहों को लिये हुए खड़े थे, बायीं तरफ सेनापति मुज़फ्फर खाँ 30 हज़ार मुगलों के साथ था। हरावल में दस हज़ार चुने हुए पठानों की फौज थी। बीच में एक ऊँचे हाथी पर शहज़ादा सलीम अपने छह हज़ार शरीर-रक्षकों के साथ युद्ध की गतिविधि देख रहा था। दोनों सेनाएँ सामना होते ही भिड़ पड़ीं। प्रताप अपनी सेना के मध्य भाग में चल रहे थे। उनके दाहिने भाग में सलूंबरा सरदार थे और बायीं ओर विक्रमसिंह सोलंकी। प्रताप ने सोलंकी को शत्रु के बायें पक्ष पर जमकर आक्रमण करने की आज्ञा दी। इसके बाद तुरन्त ही उन्होंने सलूंबरा सदार को मुगल-पक्ष में दाहिनी ओर से घुस जाने का आदेश दिया, और फिर वह स्वयं तीर की भाँति अपने चुने हुए वीरों के साथ मुगल-सैन्य के हरावल पर टूट पड़े।

प्रताप का दुर्द्धर्ष वेग मुगल-सैन्य न सह सका। हरावल टूट गया और सेना के प्रबन्ध में तुरन्त गड़बड़ी पैदा हो गयी। सलीम ने अपनी सेना को भागते हुए देखकर अपने हाथी के पैरों में जंजीर डाल दी। शहज़ादे

को दृढ़ता से खड़ा देखकर मुगल सेना फिर से लौट आयी। अब युद्ध का कोई बन्धन न रहा। तेगे से तेगा बज रहा था। दुधारें खड़क रही थीं, खून के फव्वारे बह निकले थे। घायलों और मरते हुओं का चीत्कार सुनकर कलेजा काँपता था। वीर योद्धा लोग दर्प से उन्मत्त होकर घायलों और अधमरों को अपने पैरों से रौंदते हुए आगे बढ़ रहे थे। प्रताप अप्रतिम तेजस्वी और देदीप्यमान थे और वे दुर्द्धर्ष शौर्य से मुगल-सैन्य में घुसते जा रहे थे। सरदारों ने उनको रोकने के बहुत प्रयत्न किए, परन्तु उनका क्रोध निस्सीम था, वे बढ़ते ही चले गये। सरदारों ने उनके अनुगमन की चेष्टा की, परन्तु प्रताप उनसे दूर होते चले गये।

युद्ध का बहुत कठिन समय आ गया था। प्रताप के चारों तरफ लोथों के ढेर थे, परन्तु शत्रु उनकी तरफ उमड़े चले आ रहे थे। उनका चेतक हवा में उड़ रहा था। वे सलीम के हाथी के पास जा पहुँचे। उन्होंने चेतक को एड़ दी और उछलकर भाले का एक भरपूर हाथ हौदे में मारा। पीलवान मरकर हाथी की गर्दन पर झूल पड़ा। सलीम ने हौदे में छिपकर जान बचाई। फौलाद के मज़बूत हौदे में टक्कर खाकर प्रताप का भाला भन्ना-कर टूट पड़ा। प्रताप ने खींचकर दुधारा निकाल लिया।

हज़ारों मुगल उनके चारों तरफ थे। हज़ारों चोटें उन पर पड़ रही थीं। प्रताप और उनका चेतक बराबर आगे बढ़ते चले जा रहे थे। प्रताप ने आँख उठाकर देखा तो वे अपनी सेना से बहुत दूर चले आए थे। उन्होंने जीवन की आशा छोड़ दी और दोनों हाथों से तलवारें चलाने लगे। लाशों का ढेर लग गया। चीख-चिल्लाहट के मारे आकाश रो उठा। प्रताप का सुनहरे काम का झिलमिला टोप धूप में सूर्य की भाँति चमक रहा था और उनके भजदण्ड में बँधा हुआ वह अमूल्य रत्न आँखों में चकाचौंध कर रहा था। इन्हीं चिह्नों से उन्हें पहचानकर मुगल यौद्धा उन पर टूट पड़े थे। प्रताप के शरीर में बहुत घाव हो गये थे। वे शिथिल होते जा रहे थे। उनके शरीर का बहुत सारा रक्त निकल चुका था। उन्होंने थकित दृष्टि से अनन्त तक फैले हुए मुगल-सैन्य की ओर देखा, एक ठण्डी सांस ली और अपने हृदय में एक वेदना की टीस का अनुभव किया। अब वे मृत्यु से आँख-मिचौली खेल रहे थे।

सलूंबरा सरदार ने दूर से देखा। वे शत्रुओं के दाहिने पक्ष का लगभग बिल्कुल विध्वंस कर चुके थे। कछवाहों से उन्होंने खूब लोहा लिया था। उन्होंने दूर से देखा, प्रताप का अकेला झिलमिला टोप और वह अमूल्य मणि मुगलों के अनन्त सैन्य-समुद्र में डूबती हई नौका के समान एक

क्षणिक झलक दिखा रहे हैं। उनके हृदय में हाहाकार मचने लगा। उन्होंने कहा, "अरे! मेवाड़ का सूर्य तो यहीं अस्त हो रहा है!" बुड्ढे बाघ ने अपने घोड़े को एड़ दी, उसकी बाग मोड़ी और अपने योद्धाओं को ललकारकर कहा, "हिन्दपति महाराणा की जय हो! वह देखो, महाराणा ने शहजादे के हाथी को घेर लिया है। आओ चलो, आज हम प्राण देकर महाराणा का अनुगमन करें!" वीरों ने हुँकार भरी। बिजली की तरह तलवारें चमकने लगीं और तलवार के जादू से मुगल-सैन्य-वन में रास्ता बनने लगा। अमर वीरों की वह छोटी-सी टुकड़ी शत्रु-सेना को चीरती हुई क्षण-क्षण में महाराणा के निकट होने लगी। महाराणा का एक हाथ बिल्कुल निकम्मा हो गया था। अब उनमें वार करने की ताकत नहीं थी, वह केवल अपना बचाव करते रहे थे। उनकी गर्दन कन्धे पर लटकने लगी। उन्हें मुमूर्षु अवस्था में देखकर यवन सैन्य ने घनगरज ध्वनि से- 'अल्लाहो अकबर' का नारा लगाया और दूसरे ही क्षण वह नाद-'जय एकलिंग'-की वीर गर्जना में विलीन हो गया। एक बार फिर तलवारों के उस समुद्र में ज्वार आया। महाराणा ने सचेत होकर पीछे की ओर देखा-रंगीन पगड़ियाँ उनकी तरफ को लहराती हुई चली आ रही हैं। उन्होंने एक बार चेतक को ललकारा।

दूसरे ही क्षण किसी ने उनके सिर से वह झिलमिला टोप उतार लिया और एक दूसरी पगड़ी उनके सिर पर रख दी। वह अमूल्य मणि भी उनके भुजदण्ड से खोल ली गयी। महाराणा ने मुरझायी हई दृष्टि से देखा-सलूंबरा सरदार अपने घोड़े की बाग को दाँतों से पकड़े हुए उनका झिलमिला टोप अपने सिर पर रखे हुए हैं और उनकी वह मणि भी सरदार के दाहिने भुजदण्ड पर बंधी हुई है; और वह अपनी ओर उमड़ते हुए मुगलों को ढकेलते हुए आगे बढ़ रहे हैं।

प्रताप ने कहा, "ठाकरां! यह क्या?" सरदार ने दोनों हाथों से तलवार चलाते हुए कहा, "अन्नदाता! आज यह सेवक अपने नमक का हक अदा करेगा! आप हिन्द कुल के सूर्य हैं, पीछे, को हटते जाइए। असमय में ही सूर्य का अस्त न होना चाहिए, जाइए स्वामी!"

सरदार ने अपने हाथ से चेतक की बाग मोड़ दी और वे उनको बीच में करके पीछे हटने लगे। लोहे की बेजोड़ मार चारों तरफ से पड़ रही थी, अपने-पराये की किसी को सुध नहीं रही थी। सलूंबरा सरदार बुड्ढे बाघ की भाँति भयानक वेग से हाथ चला रहे थे। प्रताप ने थोड़ी देर विश्राम पाकर चैतन्य-लाभ किया। उन्होंने कंपित स्वर से कहा, "ठाकरां, आपके वंशजों को इस

राज-सेवा का पुरस्कार मिलेगा!" प्रताप ने चेतक को एड़ दी और देखते-देखते वह युद्धक्षेत्र से बाहर हो गये।

झिलमिला टोप और मणि सलूंबरा सरदार के मस्तक और भुजदण्ड पर मुगल-सैन्य के बीच उसी प्रकार देदीप्यमान हो रहे थे और उसी प्रकार एक अजेय भुजदण्ड हज़ारों मुगलों के सिर काट रहा था। सारा यवन-दल- 'अल्लाहो अकबर' का जयनाद करता हुआ उसी झिलमिले टोप और देदीप्यमान मणि को लक्ष्य करके धावा कर रहा था। असंख्य शस्त्र उन पर टूट रहे थे। धीरे-धीरे जैसे सूर्य समुद्र में अस्त होता है, उसी तरह लहू से भरे हुए उस रण-समुद्र में वह देदीप्यमान मणि से पुरस्कृत वीर भुजदण्ड और उस प्रतापी झिलमिले टोप से सुरक्षित वह उन्नत मस्तक झुकता ही चला गया और अन्त में दृष्टि से ओझल हो गया।

युद्ध-क्षेत्र कई कोस पीछे रह गया था। एक नाले के किनारे प्रताप थकित भाव से एक पत्थर का सहारा लिये हुए पेड़ के पास पड़े थे और उनका चेतक वहीं पर पड़ा हुआ अन्तिम सांस ले रहा था। प्रताप ने अंजलि में जल लेकर मुमूर्षु चेतक के मुँह में डाला। उसने जल को कण्ठ से उतारकर एक बार अपने स्वामी की ओर देखा और दम तोड़ दिया। वीरों का वंशधर वह प्रतापी

राणा अपने प्रिय घोड़े से लिपटकर विलाप करने लगा। उसके घावों से रक्त बह रहा था और उसके अंग-अंग घावों से भरे हुए थे।

किसी ने पुकारा, "महाराज! आप जैसे वीर को इस असमय में कातर होने का अवसर नहीं है।"

प्रताप ने आँखें उठाकर देखा, उसके चिर-शत्रु भाई शक्तिसिंह थे।

प्रताप ने ज्वालामय नेत्रों से शक्तिसिंह की ओर देखा और कहा, "ऐ शक्तिसिंह, क्या तुम आज इस समय 11 वर्ष बाद अपने उस अपमान का बदला लेने आये हो? मैंने तुम्हें मुगलों के सैन्य में बहुत ढूंढ़ा। मेरे अपराधी तुम और मानसिंह थे, सलीम नहीं! तुम लोग राजपूत पिता के पुत्र होकर और राजपूतनी का दूध पीकर विधर्मी मुगलों के दास बने। मैं आज तुम दोनों राजपूत कुल-कलंकियों को मारकर अपनी जाति के कलंक को नष्ट करना चाहता था। लेकिन अब तुम देखते हो इस समय तो मैं खड़ा भी नहीं हो सकता! मेरा प्यारा सहचर भाला उस युद्ध में टूट गया, मेरी तलवार भी टूट गयी, अब मेरे पास कोई भी शस्त्र नहीं है! परन्तु तुम्हारे जैसे गुलाम गीदड़ सिंह को घायल समझकर उस पर आक्रमण करें-यह

सम्भव नहीं! आओ, मैं मरने से पहले एक कलंकित राजपूत से पृथ्वी माता का उद्धार करूँ!"

प्रताप ने एक बार बल लगाकर उठने की चेष्टा की, पर वह उठ न सके। शक्तिसिंह ने तलवार फेंक दी। उन्होंने एक दूब का टुकड़ा वहीं से उठा लिया और उसको दाँतों में दबाकर दोनों हाथ जोड़कर वह आगे बढ़े। उन्होंने अपनी पगड़ी प्रताप के चरणों में रख दी और कहा, "हिन्दपति राणा! यह विश्वासघाती, कुल-कलंकी कभी अपने को आपका भाई कहने का साहस नहीं कर सकता! तलवार मेरे पास है, उसकी धार अभी तीखी है। लीजिये महाराणा, और अपने अपराधी को दण्ड दीजिये!"

उसने तलवार महाराणा के आगे रख दी और सिर झुकाकर उनके चरणों में पड़ गया। राणा की आँखों में आँसू उमड़ आये। उन्होंने गद्गद कण्ठ से कहा, "भाई शक्तिसिंह! मुझे माफ करो, मैंने तुम्हें समझा नहीं। परन्तु यदि युद्ध से पहले तुम मेरे सामने आकर ये शब्द कहते और आज मैं तुमको सच्चे सिसोदिया की तरह तलवार चलाकर मरते देखता, तो मुझे बहुत आनन्द होता!"

शक्तिसिंह ने कहा, "युद्ध के समय तक मेरा मन द्वेष के मैल से परिपूर्ण था और मैं मुगलों का एक सेनापति

था। किन्तु जब मैंने आपको घायल और निःशस्त्र युद्ध से लौटते हुए देखा और देखा कि दो मुगल शत्रु आपका पीछा कर रहे हैं, तब मुझसे न रहा गया। माता का वह दूध जो हमने-आपने एक साथ पिया था, सजीव होकर उमड़ आया। मैंने सेना को त्याग कर उन मुगलों का पीछा किया और उन दोनों को मार गिराया। वह देखिये-नाले के पास दोनों मरे पड़े हैं! अब हिन्दपति महाराणा, आपकी जय हो! यह तलवार कमर से बाँधिये और मेरा यह घोड़ा लीजिये; सामने की उस घाटी में चले जाइये। वहाँ मेरे विश्वस्त अनुचर हैं; आपके घावों का तुरन्त बन्दोबस्त हो जायेगा।"

प्रताप ने आश्चर्यचकित होकर कहा, "और तुम शक्तिसिंह?"

"महाराणा, मैं शहज़ादे सलीम के पास जाकर अपना अपराध स्वीकार करूँगा और उनसे कहूँगा कि वह मुझे अपने हाथी के पैरों से कुचलवाकर मार डालें; क्योंकि मैंने उनका सैनिक होकर उनके शत्रु की रक्षा की है!" शक्तिसिंह रुका नहीं, चल पड़ा।

प्रताप ने कहा, "भाई सुनो!"

शक्तिसिंह ने कहा, "महाराणा, मेरा अपराध बहुत भारी है! मैं कभी इस बात पर विश्वास नहीं कर सकता कि आप मुझे दण्ड दे सकते हैं। मैं यवन सेनापति से ही दण्ड चाहता हूँ।"

शक्तिसिंह चले गये। प्रताप ने अपने वीर भाई को पहचाना। बड़ी देर तक उनकी ओर देखते रहे। फिर भाई की दी हुई तलवार कमर में बाँधी और घोड़े पर चढ़कर चल दिये।

प्रातःकाल का समय था। महाराणा प्रताप पर्वत की एक गुफा में शिला पर बैठे हुए थे। पाँच सरदार उनके इर्द-गिर्द थे। उनके घाव अब अच्छे हो चले थे। वे शक्तिसिंह की बारम्बार प्रशंसा कर रहे थे। एक लम्बी मनुष्य-मूर्ति उस गुफा के द्वार पर आकर खड़ी हो गयी। वे शक्तिसिंह थे। प्रताप भुजा भरकर उनसे मिले। शक्तिसिंह ने वह मणि अपने वस्त्र में से निकाल कर प्रताप के सामने रखी और कहा, "महाराज! यह मणि सलूंबरा सरदार ने मरते समय मुझे दी थी और वसीयत की थी कि मैं यह आपके हाथ में दूँ!"

इसके बाद उन्होंने सलूंबरा सरदार की वीरतापूर्ण मृत्यु का करुण वर्णन किया और वर्णन करते-करते रो पड़े।

उन्होंने महाराज से कहा, "मैं अनुताप की आग में जला जाता हूँ। आपके पास से लौटकर मैंने सलूंबरा सरदार को देखा, उस समय भी उनके शरीर में प्राण थे। जब उन्होंने सुना कि स्वामी की प्राण-रक्षा हो गयी तो उनके मुख पर मुस्कराहट आयी और उनके प्राण निकल गये। धन्य हैं वे वीर क्षत्रिय सरदार, जो इस तरह स्वामी के लिए प्राण देते हैं!"

"मैंने सलीम से अपना अपराध कह दिया था। परन्तु सलीम ने कोई दण्ड न देकर आपके पास जाने को कह दिया अब महाराज, आप मुझे दण्ड दीजिये।"

प्रताप ने अपने भाई का हाथ पकड़कर प्रेम से अपने निकट बैठाया, और समय फरमान जारी किया कि भविष्य में सलूंबरा सरदार के वंशधर, मेवाड़ की सेना के हरावल में रहेंगे और शक्ति सिंह के वंशज युद्ध क्षेत्र में दाहिने पक्ष पर रहेंगे।

ताँगेवाला

सुभद्रा कुमारी चौहान

गरमी की लम्बी छुट्टियां प्रारंभ हो चुकी थीं। मेरे कुछ मित्रों ने इन गर्मियों की छुट्टियों में कश्मीर जाना तय किया था और इस प्रस्ताव को सबसे अधिक समर्थन मैंने दिया। हम लोग जाने की पूरी तैयारी कर चुके थे कि अचानक यात्रा के दो दिन पहले मेरे एक मित्र रामकृष्ण का एक आवश्यक पत्र आया। इस पत्र के अनुसार मुझे अपनी कश्मीर यात्रा स्थगित करनी पड़ी। मैं अपने मित्र से मिलने उसके गांव की ओर चल पड़ा।

जिस स्टेशन पर उतरना था, गाड़ी वहाँ दुपहर एक बजे पहुँची। चिलचिलाती धूप, लू की लपट और कच्ची सड़क की धूल! मेरा गांव तक जाने का साहस न हुआ। मैंने सोचा, शाम को जाना ही ठीक होगा। ताँगे वाले कम थे और उतरने वाले और भी कम। ताँगे वाले सवारी

लेकर चल पड़े। खाली ताँगे वाले भी चलने का उपक्रम कर रहे थे कि एक अच्छा-सा ताँगा-घोड़ा, देखकर उसे मैंने बुलाया। ताँगे वाले ने आकर सलाम किया। मैंने कहा, "देखो, भाई मुझे गांव जाना है, पर मैं अभी इस धूप में न जाऊंगा। शाम को पाँच बजे के करीब जाऊंगा। तुम ठहरोगे?"

"हाँ हुज़ूर, ठहरूंगा।"

"किराया क्या होगा?"

"हुज़ूर, जो आप खुशी से दे दें।"

"खुशी की बात नहीं रेट क्या है? वह बतलाओ।"

"तेईस मील है न हुज़ूर! आप दूसरों से पूछ लीजिए, पाँच रुपये पूरे ताँगे के होते हैं। फिर चाहे एक सवारी हो या तीन।"

"पर मैं तो इतना न दूंगा।"

"इसीलिए तो मैंने कहा कि आप खुशी से जो दे दीजिए हुज़ूर।"

मैं उसे कुछ पैसे देकर वेटिंग रूम में चला गया।

शाम के छह बजे हम लोग खा-पीकर और खाने का कुछ सामान साथ रखकर गांव की ओर रवाना हुए। वैसे ताँगे वाला कहता था कि 23 मील दो घंटे में खुशी से ले जा सकता है, पर स्टेशन से आगे दो मील के बाद ही कच्ची सड़क प्रारंभ हो जाती है, इसलिए देर लगेगी। मोटे साहब से हम चार घंटे बाद गाँव पहुँचेंगे। स्टेशन की सीमा पार करते ही किसानों के साफ-सुथरे लिपे-पुते छोटे-छोटे घर और हरे-भरे खेत बड़े ही सुहावने जान पड़े। सात भी न बज पाए थे कि पूर्णचन्द्र ने सहस्रों घड़े दूध पृथ्वी पर उँड़ेल दिया। दिन की लू अब ठंडी हवा में परिवर्तित हो चुकी थी।

हम इस सुहावने दृश्य को देखकर मैदान में पहुँचे। अब रास्ते में दोनों ओर खाली मैदान था। दूर पर एक-आध पेड़ निर्जन में ऐसा खड़ा था, जैसे किसी की प्रतीक्षा कर रहा हो। मैंने सोचा चाँदनी रात की वह आभा एक साथी के अभाव में उतनी सुखदाई न हो सकेगी जितनी होनी चाहिए। मैंने ताँगे वाले से पूछा, जो धीरे-धीरे कुछ गुनगुना रहा था, 'कितने मील आ चुके हैं हम लोग?'

"अभी हुज़ूर, कुल सात मील ही तो आए हैं।"

और फिर वह जरा जोर से गा उठा- "हम फिर से वतन अपना सवाधीन बना लेंगे।"

मैंने जरा सतर्क होकर ताँगे वाले की ओर देखा। खद्दर का कुर्ता और गाँधी टोपी उसके सिर पर थी। मैंने सोचा, इसीलिए तो यह स्वाधीनता के गीत गाता है।

मैंने ताँगे वाले से पूछा, कितने दिनों से ताँगा हांकते हो ताँगे वाले?

"हुज़ूर कोई पाँच साल हुए। किसी की नौकरी करने से यह अच्छा है। तबीयत हुई जोता, न तबीयत हुई बैठे रहे। किसी की ताबेदारी नहीं। अपने मन का राज है।"

सामने चलकर नदी थी। नदी का पुल पार करते ही ताँगे वाले ने ताँगा रोक दिया। बोला, हुज़ूर, यहाँ जरा आराम कर लीजिए। नदी का पानी बहुत साफ़ और मीठा है। कहते हैं कि सन् सत्तावन के गदर में तात्या टोपे दुश्मनों की सेना को चीरते हुए यहीं से नदी के पार चला गया था।

तात्या टोपे? मैंने मन में सोचा, इसे इतिहास का भी कुछ ज्ञान है।

ताँगे वाला फिर बोला, "हाँ हुज़ूर, तात्या टोपे नदी के पार जाना चाहता था। फिरंगियों की सेना ने उसे चारों ओर से घेर लिया था। फिर भी हुज़ूर वह इतना तेज, इतना फुर्तीला था कि चार-पाँच बड़े-बड़े फिरंगी अफसरों के सामने से निकल गया, अपनी सेना समेत, और उसका कोई कूछ भी न कर सका।

मुझे ताँगे वाले के मुँह से इतिहास की कहानी बड़ी ही रोचक लगी। मैं जानता था कि आखिर इस ताँगे वाले के मन में क्या है? मैंने पूछा, 'फिर क्या हुआ?' और मैं ताँगे से उतरकर उसके पीछे-पीछे चला।

वह बोला, 'सन सत्तावन के गदर में अगर हिन्दुस्तानियों में एका, होता तो पाँसा ही पलट जाता। पर तकदीर और फूट जो न कराए सो थोड़ा ! मौलवी अहमदशाह और तात्या टोपे सरीखे देशभक्त वीरों को भी हमीं में से धोखेबाज लोगों ने धोखा देकर दुश्मनों के हवाले कर दिया। खून खौल उठता है हुज़ूर, यह बात सोचकर?

मैंने पूछा, तुम पढ़े-लिखे हो?

ताँगे वाला उत्साह के साथ बोला, बहुत कम हुज़ूर हिंदी अच्छी तरह पढ़-लिख लेता हूँ। अंग्रेजी भी थोड़ी

जानता हूँ। पर हुज़ूर जब से सत्तावन के गदर का इतिहास पढ़ा और यह जाना कि फिरंगी कैसे आए और कैसे फैल गए सारे हिंदुस्तान में, यह जाना, तब से हुजूर, बदले की भावना से रात-दिन जलता रहता हूँ। सरकारी नौकरी इसीलिए नहीं की। मेरा बाप डी०सी० की अर्दली में था। मुझे वह जगह मिल रही थी। मैंने ठोकर मार दी। माँ-बाप नाराज हो गए तो घर ही छोड़ दिया। तब से यहाँ हूँ। यह ताँगा चलाता हूँ पर ताँगे पर भी किसी साले फिरंगी को बैठाकर ताँगा न हाकूँगा।

क्यों? फिरंगी को न बैठाने की कसम क्यों खा ली है?

सारे हिन्दस्तान में गदर के समय इन फिरंगियों ने क्या कम जुल्म किए हैं? गांव-के-गांव जला दिए, औरतों को बेइज्जत किया, निरपराध लोगों को तोपों के मुँह में बांधकर उड़ा दिया। फिर सन् सत्तावन की दूर की बात जाने दीजिए। अभी की ही बात है। पंजाब में उन्होंने क्या कम किया है? जलियांवाले बाग को कौन भूल जाएगा? घाव ताजा है हुजूर ! इन फिरंगियों को देखते ही उस पर नमक पड़ जाता है। इसीलिए मैंने कसम खाई है, इन्हें ताँगे पर कभी न बिठाऊंगा। मेरा मन इनसे बदला लेने के लिए बार-बार उमड़ता है।

इतने में हम नदी किनारे पहुँच गए। मैं एक चट्टान पर बैठ गया। पास ही एक दूसरी चट्टान पर ताँगे वाला खड़ा था। उसने लोटा भर पानी लाकर मेरे पास रखा।

मैंने कहा, नहीं जी ताँगे वाले, मैं तो नदी पर ही हाथ-मुँह धोऊंगा। पर हाँ, तुम्हारे विचार तो क्रांति कारियों जैसे हैं। तुम्हारा नाम क्या है? किसी क्रांतिकारी को जानते हो?"

मेरा नाम हुजूर रामदास है। किसी क्रांतिकारी को जानता नहीं। नाम सुने हैं, उन लोगों के जीवन चरित्र पढ़े हैं। पर उन लोगों में भी मुखबिर बनने वालों की कमी नहीं हुजूर, नहीं तो उन लोगों ने भी अब तक कुछ कर लिया होता। महात्मा गाँधी के सत्याग्रह आंदोलन में भी बहुत दिनों तक शरीक रहा हूँ। दो बार जेल भी हो आया हूँ हुज़ूर, पर तबीयत नहीं मानती। मेरे अंदर से तो जैसे कोई पुकार उठता है, 'गदर'! सन सत्तावन का सीन एक बार दुहराया जाए। इन फिरंगियों से कसकर बदला लिया जाए, तभी हमारा और हमारे देश का उद्धार होगा।"

मैंने कहा, हम निहत्थे कैसे बदला ले सकते हैं। रामदास? सन् सत्तावन की बात ही और थी। तब हमारे

पास हथियार थे। अब तो हम लोग बिल्कुल पंगु कर दिए गए हैं।

-'हूजूर यही तो बात है', ताँगेवाला बोला, 'हमने जबान खोली और हमारे ही भाई-बंधु हमें गिरफ्तार करने पहुँचे। हमारे ही में से हमें सजा सुनाने वाले आए। हमीं में से हम पर पहरा रखने लगे। अगर ये ही सब एकमत होकर एक साथ काम करें, तो हुजूर हथियार उठाने का भी काम नहीं। हमारा स्वराज्य हमारी मुट्ठी में जानिए। लेकिन दस अगर सच्चे जी से काम करने को तैयार रहें तो बीस धोखा देने को तैयार रहेंगे। अगर हिन्दस्तानियों में एका ही होता तो क्या मुट्ठी भर विदेशी हम पर शासन कर सकते?

ताँगेवाले ने एक दीर्घ सांस ली और हम दोनों उठकर नदी में हाथ-मुँह धोने लगे। इसी समय बड़े ही करुण स्वर में किसी के गाने की आवाज आई-

हम गरीबों का खुदा

नींद में सोया होगा

हम गरीबों का...

थोड़ी देर बाद जिधर से गाने की आवाज आई थी, उधर से बिलख-बिलखकर रोने की आवाज आने लगी। मैं चौंककर देखने लगा। ताँगे वाले ने बतलाया, 'हुजूर यह एक पगली है। कभी-कभी इधर दिख जाती है और अक्सर रात के समय गाती है। कभी रोती है, कभी हँसती है। कहते हैं, सन् सत्तावन के गदर के समय सम्राट बहादुरशाह को जब कैद किया था और उनके शाहजादों को मार डाला था, तब उनके महल में कुछ बेगमें कीमती जेवर इत्यादि छीन लेने के बाद दर-दर फिरने के लिए छोड़ दी गई थीं। यह पगली उन्हीं में से कोई है। फटे कपड़े, पर इस गरीबी में भी हुजूर, उसकी चाल-चितवन, बातचीत सब शाही ढंग का है। वह मामूली औरत नहीं जान पड़ती।'

मैंने ताँगे वाले से कहा, तुम उस स्त्री को बुलाओ, मैं उससे बात करूंगा।

ताँगेवाला बोला, वह किसी से नहीं बोलती हुजूर, न किसी की तरफ देखती है। कहाँ रहती है, क्या खाती-पीती है, कोई नहीं जानता। कभी-कभी यहीं नदी किनारे दिख जाती है। न जाने कितने वर्षों से, इसी तरह गाती है, रोती है, हँसती है, पर आज तक कोई उससे बात नहीं कर सका है।

मैं आश्चर्य में था। खैर, खाना खाकर हाथ-मुँह धोकर हम लोग फिर ताँगे पर आए। ताँगे वाला न जाने कितनी बातें मुझे बतला चला। शुरू-शुरू में ताँगे पर बैठकर मैंने एक साथी के अभाव का अनुभव किया था, किन्तु ये तेईस मील कब खतम हो गए, मैं जान भी न पाया। गांव में पहुँचकर जब ताँगे वाले ने मुझसे पूछा, यही गाँव है, किसके मकान पर चलना है? तब मैंने जाना कि 23 मील की यात्रा समाप्त हो गई।

बहादुर सेनापति

विष्णु प्रभाकर

दूर-दूर तक चौड़ी सपाट भूमि, कहीं कोई साया नहीं। पीछे एकमात्र जल-विहीन सूखा तालाब! उसी में गड्ढा खोदकर पड़े थे। सोच रहे थे कि कब चार्ज का ऑर्डर मिले, कब वे अपने दिल की निकालें, लेकिन दुश्मन खामोश था। कोई भी नजर नहीं आता था, और ये उतावले हो रहे थे। उन्होंने सुना था कि दुश्मन का तोपखाना सिर्फ चार मील है।

रफीक बोला, 'चार मील भी कोई रास्ता है?'

जीत सिंह ने कहा, 'और फिर टैंक, मशीनगन, कार सब कुछ तो है उनके पास! फिर भी जान निकलती है।'

कहकर वह मुस्काया, 'माथा गर्व से ऊँचा उठ गया। रामचंद्र, तीसरा सैनिक उसी तरह छाती फुलाकर बोला, हथियार से क्या होता है? बात दिल की है। उनके पास दिल है कहाँ? साले भाड़े के टट्टू...।'

एक जोर का कहकहा लगा। कई आवाज एक साथ गूँजी, 'भाड़े के टट्टू।' वह लड़ना क्या जाने और लड़ें किसलिए? पेट के लिए कहीं लड़ा जाता है?'

एक सैनिक पूछ बैठा, 'तो किसके लिए?'

जीत सिंह ने राइफल तोलकर जवाब दिया, 'देश के लिए।'

एक बार फिर गर्व से सबके मस्तक ऊँचे उठे, 'हाँ! हम देश के लिए लड़ते हैं; उस देश के लिए लड़ते हैं, जिसकी मिट्टी से हम बने हैं।'

'और तब तक लड़ते रहेंगे, जब तक यह आजाद नहीं हो जाता।'

'हाँ, हमने दिल्ली पहुँचने की प्रतिज्ञा की है!'

'हमें लाल किले पर अपना प्यारा झंडा फहराना है।'

बेशक हम लाल किले पर अपने प्यारे तिरंगे झंडे को फहराएँगे। हमारे नेताजी ने बहादुरशाह की कब्र पर कसम खाई थी कि...।

'हम उसे झूठी नहीं होने देंगे।'

'कभी न होने देंगे।'

जैसे उत्साह साकार होकर हर एक सिपाही के रूप में वहाँ आ गया था। वे संख्या में बहुत कम थे। उनके वस्त्र फट गए थे। उनके पास हथियार के नाम पर केवल राइफलें थीं। उनके पास पेट भर भोजन भी नहीं था, लेकिन वे कह रहे थे, 'हम घास खाएँगे, पर जीते जी पीछे नहीं हटेंगे।'

रफीक ने मुसकराकर कहा, 'खुदा की कसम! हाथ बार-बार काँप उठते हैं। जी करता है कि राइफल तोलकर भागा चला जाऊँ और दुश्मन के तोपखाने में आग लगा दूँ।'

जीत सिंह हँसा, 'जी तो मेरा भी ऐसा ही करता है, पर लपटान साब का हुक्म!' फिर जैसे क्षण भर वहाँ सन्नाटा छा गया! पर दूसरे ही क्षण रफीक यकायक धीरे से बोल उठा, 'क्यों जीत, घर में तेरी बीवी है?'

‘है, क्यों?’

‘पूछता था, क्या सोचती होगी?’

‘सोचती क्या होगी? गर्व से उसकी छाती फूलती होगी। सरकार कुछ भी कहे, परंतु लोग तो हमारे ही साथ होंगे।’

‘बेशक वे हमारे साथ होंगे।’

‘तो बस, हमें यही चाहिए। जब मैं भरती हुआ था तो मेरा दोस्त गोपाल बहुत गुस्सा हुआ था। कांग्रेसी है न, लेकिन उसे क्या पता कि आज मैं भी उसी राह का राही हूँ। लौट सका तो...’

तभी उसके लेफ्टिनेंट कमांडर ज्ञान सिंह वहाँ आ गए। सिंह के आखिरी शब्द उन्होंने सुने, मुसकराकर कहा, ‘लौटने की चिंता है तुम्हें?’ जीत सिंह का मुँह फक हो गया। वह खिसिया गया, परंतु दूसरे ही क्षण दृढ़ता से मुड़कर उसने कहा, ‘नहीं, नहीं लपटान साब! मैं लौटना नहीं चाहता। मैं अपने दोस्त की बात कह रहा था, जो मुझसे नफरत करता था...’

कमांडर बीच में बोल उठा, 'हाँ, मेरा भी एक दोस्त है, वह भी मुझसे नफरत करता है। कहता था कि मैं पेट के लिए लड़ने वाला हूँ। मैं गुलाम देश के लिए क्यों नहीं लड़ता।'

रफीक बोला, 'जी लपटान साब, यही बात थी। जीत यही कहता था। अगर लौट सका तो कहेगा...।'

'नहीं,' जीत बोला, 'मैं नहीं लौटना चाहता हूँ। मैं यहीं मरना चाहता हूँ।'

रफीक बोला, 'और मैं भी...'

कमांडर का मुख चमक उठा। उसने जीत सिंह के कंधे पर हाथ रखकर कहा, 'घबराओ नहीं। मैं जानता हूँ कि तुम यहीं मरना चाहते हो। हम सब यही चाहते हैं और विश्वास रखो, मैं भी तुम लोगों के साथ यहीं इसी मिट्टी में अपने देश के लिए लड़ते-लड़ते सो जाना चाहता हूँ।'

सूखे काठ को एक चिनगारी भस्म कर सकती है, परंतु महादावानल में उसकी क्या बिसात? वह देख रहा था कि उसके सैनिक यंत्र की तरह राइफल चला रहे थे। उनके मुखों पर पसीना बहने लगा था, लेकिन उनकी आँखें लक्ष्य पर लगी थीं, उनके हाथ लक्ष्य की ओर

निशाना साध रहे थे; ये फुर्ती से पेटी खोलते, चढ़ाते और फिर दागते दन-दन दनादन दनन दनदन...और इधर टैंक, मशीनगन आग फेंकती, सैनिक हथगोले फेंकते और वह देखता...

दोनों सैनिक गदगद हो उठे। उनके नेत्रों में गर्व की लाली और स्नेह का जल उमड़ा और अपनी सुगंध से सबके दिलों को महकाता हुआ दूर तक फैल गया।

रफीक बोला, 'पर लपटान साब, दुश्मन क्या अफीम घोलकर सो गया है?'

जीत सिंह, 'हाँ, आप हुक्म कीजिए! हम उसे ढूँढ़ लेंगे।'

कमांडर ने कहा, 'ढूँढ़ने के लिए हमारी पतरोल गई हुई है। उसके आने पर कुछ किया जाएगा।'

और फिर मुड़कर कमांडर साहब बाहर देखते हुए आगे बढ़ गए, परंतु जहाँ वे जाते, यही एक प्रश्न उठता, 'आप ऑर्डर क्यों नहीं कर रहे हैं? उनका कहना भी ठीक था। दूसरा दिन बीत चला था, दुश्मन का कहीं पता नहीं था।'

इसी तरह तीसरा दिन आया। उपाय ऊगकाईलाँ मैदान में प्रकाश चमक उठा, पक्षी बोले, लेकिन सब ओर से सैनिकों ने कहा, 'दुश्मन कहाँ है, हम उससे पूछेंगे, वह अब तक क्यों नहीं आया?'

कमांडर ने कहा, 'डरो नहीं, वह आनेवाला है। तुम तैयार हो जाओ।'

वे चिल्लाए, 'हम तैयार हैं।'

अचरज! तभी देखते-देखते आसमान काँप उठा। घर-घर, गहर-गहर, घूँ-घूँ की तेज आवाज करते हुए बम मार जहाज कहर बरसाने लगे। खंदक में सन्नाटा छा गया। सब साँस रोककर लेट गए, जैसे वहाँ कोई है ही नहीं।

पर बाहर जैसे भूकंप आ गया। धम, धम, धड़क, धननन का अनवरत शब्द कानों को फाड़े डाल रहा था। जमीन उछल-उछल पड़ती थी। लगा कि खंदक टूटकर जमीन में समा जाएगा और ये सब वहीं जमींदोज हो जाएँगे, लेकिन किसी को कुछ चिंता नहीं थी। बम कहाँ पड़ा, कोई मरा या क्या हुआ...

वे तभी उठे, जब शांत हो गया। उठकर उन्होंने देखा कि वे सब उसी तरह थे, जैसे हमले से पहले...

एक सैनिक ने कहा, 'तो उन्होंने व्यर्थ ही इतना कवर किया।'

लेकिन कमांडर बोला, 'साथियो! समाचार मिला है कि तुम लोगों की इच्छा पूरी होने वाली है। दुश्मन चल पड़ा है।'

सैनिक प्रसन्न हो उठे। उन्होंने हथियार सँभाल लिए। कमांडर ने फिर कहा, 'परंतु उसके पास टैंक है।'

एक सैनिक ने कहा, 'हमारा एक-एक सिपाही जीवित टैंक है।'

'उनके पास बख्तरबंद गाड़ियाँ हैं।'

'हमारी चोट के सामने वे व्यर्थ हैं।'

'उनके पास ट्रक्स भी हैं।'

'यहाँ उनकी कोई कीमत नहीं है।'

'वे संख्या में बहुत हैं।'

'परंतु मुर्दे हैं।'

कमांडर मुस्कराया, 'साथियो! विश्वास रखो। वह तुम्हें नहीं जीत सकता।'

'बेशक नहीं जीत सकता। हम जान हथेली पर रखकर लड़ते हैं।'

'छाती में छिपाकर नहीं।' कमांडर खुशी से भर उठा, 'शाबाश दोस्तो। आओ, हम सब मिलकर उसे भगा दें!'

'सब मिलकर।'

तभी तोपों की पहली बाढ़ छूटी और उसी बाढ़ के बाद दुश्मन आगे बढ़ा। उनके पास तेरह टैंक थे, ग्यारह बख्तरबंद गाड़ियाँ थीं और सत्तर ट्रक थे। वे दो हिस्सों में बँट चुके थे। एक भाग सीधा उनकी ओर बढ़ रहा था। टैंक और गाड़ियाँ आग बरसा रही थीं। गोले धमाके के साथ गिरते, जमीन पर धड़ाका उठता और तब मिट्टी बहुत ऊँचाई तक झरकर फैल जाती, पर सैनिक साँस रोके चुपचाप राह देखते रहे कि कब दुश्मन उतरे और वे दो-दो हाथ करें, लेकिन वे किले में बंद थे। धीरे-धीरे

टैंक और बख्तरबंद कारें उनके इतने समीप आ गए कि सीधे मार पड़ने लगी। दुश्मन सैनिक चुन-चुन अपना निशाना बनाने लगे।

कमांडर ने देखा—गोले सीधे खंदक में जा रहे हैं और वे दोनों सुरंगें, जो रास्ते में फेंक दी गई थीं, नहीं फटी हैं। फिर भी गति पर ब्रेक लग गया है।'

पर वे बराबर आग उगल रहे हैं; वह आग, जो जीव मात्र को झुलसाने के लिए तैयार हैं।

उसने फिर अपने सैनिकों को देखा, उनका उत्साह मंद नहीं पड़ा था, पर वे बहुत कम थे, बहुत कम...पीछे से मदद आनी चाहिए...

लेकिन कोई रास्ता नहीं था। कोई भी रास्ता...आगे से आग बराबर उसी तेजी से बढ़ी आ रही थी। कान से कोई शब्द नहीं सुनाई पड़ रहा था। युद्ध का भीषण शब्द रौरव चारों ओर छा गया था।

सैनिकों की राइफल की आग उनके सामने चिनगारी की तरह थी।

सूखे काठ को एक चिनगारी भस्म कर सकती है, परंतु महादावानल में उसकी क्या बिसात? वह देख रहा था कि उसके सैनिक यंत्र की तरह राइफल चला रहे थे। उनके मुखों पर पसीना बहने लगा था, लेकिन उनकी आँखें लक्ष्य पर लगी थीं, उनके हाथ लक्ष्य की ओर निशाना साध रहे थे; ये फुर्ती से पेटी खोलते, चढ़ाते और फिर दागते दन-दन दनादन दनन दनदन...और इधर टैंक, मशीनगन आग फेंकती, सैनिक हथगोले फेंकते और वह देखता...

नहीं, नहीं, ऐसे नहीं होगा। नहीं होगा। इसी प्रकार वे सब भुन सकते हैं। खंदक में रहना आत्महत्या करने के समान है। वे मर जाएँगे या कैद हो जाएँगे और दुश्मन का कुछ नहीं होगा।

आह! वह किटकिटाया—दुश्मन का कुछ नहीं होगा।

दुश्मन के सैनिक बहुत थे, परंतु आजाद हिंद फौज के सैनिकों का उत्साह संख्या की परवाह नहीं कर रहा था। उनके कदम बढ़ना जानते थे, उनकी आँखें दुश्मन पर थीं, उनके हाथों में बायोनेट थी। वे नारा लगाते—नेताजी की जय, और दुश्मन पर टूट पड़ते। उनका

बहादुर कमांडर बराबर उनके साथ था। वह लड़ रहा था, पर उसकी आँखें मैदान की स्थिति को जाँच रही थीं। उसने जान लिया था कि वे संख्या में कम हैं, पर वे पीछे नहीं हटेंगे। और वे नहीं हटे। वह चिल्लाया—'शाबाश वीरो! बढ़े चलो, नेताजी के नाम पर धब्बा न लगने पाए।'

तो वह क्या करे, आखिर क्या करे...?

दिमाग बड़ी तेजी के साथ घूमा। वह एक सुरक्षित स्थान पर खड़ा था। वह सब कुछ देख रहा था। देख रहा था अपने मुट्ठी भर सैनिकों का उत्साह और दुश्मन के किले से उमड़ती हुई आग, जो कुछ ही क्षणों में सबको फूँक सकती थी। नहीं, यह नहीं होगा। वह कायर की मौत है और आजाद हिंद का सैनिक कायर की मौत नहीं मर सकता। नहीं, कभी नहीं...।

बस, इस क्षण में विचारों का एक समूह, घटनाओं की एक लंबी तालिका उसके मस्तिष्क में आई और गई और वह चिल्ला उठा, 'चार्ज।'

जैसे बिजली कौंध गई। तूफान फूट पड़ा। सैनिक मौत की तेजी से खंदक से बाहर निकल आए और

बायोनेट लेकर ही दुश्मन पर धावा बोल दिया। सबसे आगे वह था। वह उनका कमांडर जो था; चिल्ला रहा था—

'नेताजी की जय! इनकलाब जिंदाबाद! आजाद हिंदुस्तान जिंदाबाद! चलो दिल्ली! जय हिंद!'

सैनिक उन नारों को दूने उत्साह से दोहराते और परवानों की तरह आगे बढ़ जाते। और इन नारों की उठती हुई आवाज तोपों, टैंकों की गड़गड़ाहट से ऊपर होकर दुश्मन की छाती में भर उठी, जैसे उन्होंने मौत को सजग देखा। वे ट्रकों से उतर पड़े और फिर आमने-सामने युद्ध छिड़ गया।

दुश्मन के सैनिक बहुत थे, परंतु आजाद हिंद फौज के सैनिकों का उत्साह संख्या की परवाह नहीं कर रहा था। उनके कदम बढ़ना जानते थे, उनकी आँखें दुश्मन पर थीं, उनके हाथों में बायोनेट थी। वे नारा लगाते—नेताजी की जय, और दुश्मन पर टूट पड़ते। उनका बहादुर कमांडर बराबर उनके साथ था। वह लड़ रहा था, पर उसकी आँखें मैदान की स्थिति को जाँच रही थीं। उसने जान लिया था कि वे संख्या में कम हैं, पर वे पीछे

नहीं हटेंगे। और वे नहीं हटे। वह चिल्लाया—'शाबाश वीरो! बढ़े चलो, नेताजी के नाम पर धब्बा न लगने पाए।'

'शाबाश! आजाद हिंद तुम्हारा स्वागत कर रहा है।'

'शाबाश...'

उसने खुशी से भरकर देखा, इस धावे से दुश्मन घबरा गया है। इतने टैंक, तोपों, मशीनगनों के बावजूद वह पीछे हट रहा है...।

दुश्मन पीछे हट रहा है...।

और उसके सैनिक! उसने देखा, वे धीरे-धीरे धरती पर लेट रहे हैं, फिर भी उनका प्रत्येक कदम आगे ही बढ़ रहा है। वे मृत्यु का आलिंगन कर रहे हैं, पर आगे बढ़कर। उनका यही उत्साह दुश्मन के दिलों में धड़कन पैदा कर रहा है...।

यह क्या...क्या वे फिर ट्रकों और जीपों में बैठ रहे हैं...लो!

उन्होंने घायलों को उठाया...।

वह हर्ष से भर उठा। उसने चिल्लाकर कहा, 'शाबाश! मेरे बहादुर साथियो! जीत तुम्हारी है...।'

वह जानता था कि वे सब मर सकते हैं, वह भी मर सकता है, परंतु उसे मरने-जीने की कोई चिंता नहीं थी। उसने दुश्मनों को पीछे धकेल दिया था और हुआ क्या... वे उनको पहाड़ी के पीछे दूर उस जगह तक खदेड़ देना चाहते थे। वह फिर चिल्लाया, 'नेताजी की जय! आजाद हिंद फौज जिंदाबाद, शाबाश! बहादुरो जीत तुम्हारी है...।'

सैनिक तेजी से आगे बढ़े। उसके आधे साथी धरती पर लेट गए थे, पर वे आँखें मूँदे कमांडर के शब्दों पर आगे बढ़ रहे थे...।

तभी सहसा वह शब्द बंद हो गया। एक गोली उड़ी और कमांडर के मस्तिष्क में घुसती चली गई। वह काँपा, लड़खड़ाया और फिर गिर पड़ा। वह सैनिकों के बीच में, दुश्मन के सिपाहियों की लाशों पर गिरा था। उसका हाथ राइफल पर था, उसके होंठ खुले थे, मानो मुसकराते हों, आजाद हिंद जिंदाबाद!

सैनिकों में क्षण भर के लिए खलबली मची। दूसरे क्षण तो दूसरा कमांडर आगे बढ़ आया। उसने कहा, 'शाबाश। मेरे बहादुर साथियो! जीत तुम्हारी है। दुश्मन भाग रहा है! नेताजी की जय! आजाद हिंद जिंदाबाद!, इनकलाब जिंदाबाद....!'

और वे आगे बढ़ गए...।

लेकिन वह सो गया। सदा-सदा के लिए सो गया था...।

और दुश्मन पीछे हट रहा था...।

दीवाना शायर

सआदत हसन मंटो

अगर मुक़द्दस हक़ दुनिया की मुतजस्सिस निगाहों से ओझल कर दिया जाये तो रहमत हो उस दीवाने पर जो इंसानी दिमाग़ पर सुनहरा ख़्वाब तारी कर दे।

(हकीम गोर्की)

मैं आहों का ब्योपारी हूँ,

लहू की शायरी मेरा काम है,

चमन की मांदा हवाओ!

अपने दामन समेट लो... कि

मेरे आतिशीं गीत,

दबे हुए सीनों में एक तलातुम बरपा करने वाले हैं।

ये बेबाक नग़्मा दर्द की तरह उठा, और बाग़ की फ़िज़ा में चंद लम्हे थरथरा कर डूब गया। आवाज़ में एक क़िस्म की दीवानगी थी... नाक़ाबिल-ए-बयान, मेरे जिस्म पर कपकपी तारी हो गई। मैंने आवाज़ की जुस्तुजू में इधर-उधर निगाहें उठाईं। सामने चबूतरे के क़रीब घास के तख़्ते पर चंद बच्चे अपनी मामाओं के साथ खेल कूद में मह्व थे, पास ही दो तीन गंवार बैठे हुए थे। बाएं तरफ़ नीम के दरख़्तों के नीचे माली ज़मीन खोदने में मसरूफ़ था। मैं अभी इसी जुस्तुजू में ही था कि वही दर्द में डूबी हुई आवाज़ फिर बुलंद हुई;

मैं उन लाशों का गीत गाता हूँ,

जिनकी सर्दी दिसंबर मुस्तआ'र लेता है।

मेरे सीने से निकली हुई आह

वो लू है जो जून के महीने में चलती है।

मैं आहों का ब्योपारी हूँ।

लहू की शायरी मेरा काम है...

आवाज़ कुएं के अ'क़ब से आ रही थी। मुझ पर एक रिक़्क़त सी तारी हो गई। मैं ऐसा महसूस करने लगा कि सर्द और गर्म लहरें ब-यक-वक़्त मेरे जिस्म से लिपट रही हैं। इस ख़याल ने मुझे किसी क़दर ख़ौफ़ज़दा कर दिया कि आवाज़ उस कुएं के क़रीब से बुलंद हो रही है जिसमें आज से कुछ साल पहले लाशों का अंबार लगा हुआ था। इस ख़याल के साथ ही मेरे दिमाग़ में जलियांवाला बाग़ के ख़ूनी हादिसे की एक तस्वीर खिच गई।

थोड़ी देर के लिए मुझे ऐसा महसूस हुआ कि बाग़ में फ़िज़ा गोलियों की सनसनाहट और भागते हुए लोगों की चीख़ पुकार से गूंज रही है। मैं लरज़ गया। अपने काँधों को ज़ोर से झटका दे कर और इस अ'मल से अपने ख़ौफ़ को दूर करते हुए मैं उठा और कुएं का रुख़ किया।

सारे बाग़ पर एक पुरइसरार ख़ामोशी छाई हुई थी। मेरे क़दमों के नीचे ख़ुश्क पत्तों की सरसराहट सूखी हुई हड्डियों के टूटने की आवाज़ पैदा कर रही थी। कोशिश के बावजूद मैं अपने दिल से वो नामालूम ख़ौफ़ दूर न कर सका जो उस आवाज़ ने पैदा कर दिया था। हर

क़दम पर मुझे यही मालूम होता था कि घास के सरसब्ज़ बिस्तर पर बेशुमार लाशें पड़ी हुई हैं जिनकी बोसीदा हड्डियां मेरे पांव के नीचे टूट रही हैं। यकायक मैंने अपने क़दम तेज़ किए और धड़कते हुए दिल से उस चबूतरे पर बैठ गया जो कुएं के इर्दगिर्द बना हुआ था।

मेरे दिमाग़ में बार बार ये अ'जीब सा शे'र गूंज रहा था;

मैं आहों का ब्योपारी हूँ

लहू की शायरी मेरा काम है

कुएं के क़रीब कोई मुतनफ़्फ़िस मौजूद न था। मेरे सामने छोटे फाटक की साथ वाली दीवार पर गोलियों के निशान थे। चौकोर जाली मंधी हुई थी। मैं इन निशानों को बीसियों मर्तबा देख चुका था। मगर अब वो निशान जो मेरी निगाहों के ऐ'न बिल-मुक़ाबिल थे, दो ख़ूनीं आँखें मालूम होती थीं। जो दूर... बहुत दूर किसी ग़ैर मरई चीज़ को टकटकी लगाए देख रही हों। बिला इरादा मेरी निगाहें उन दो चश्म नुमा सूराखों पर जम कर रह गईं।

मैं उनकी तरफ़ मुख़्तलिफ़ ख़यालात में खोया हुआ ख़ुदा मालूम कितने अर्से तक देखता रहा कि दफ़अ'तन पास वाली रविश पर किसी के भारी क़दमों की चाप ने मुझे उस ख़्वाब से बेदार कर दिया। मैंने मुड़ कर देखा गुलाब की झाड़ियों से एक दराज़ क़द आदमी सर झुकाए मेरी तरफ़ बढ़ रहा था।

उसके दोनों हाथ उसके बड़े कोट की जेबों में ठुँसे हुए थे। चलते हुए वो ज़ेर-ए-लब कुछ गुनगुना रहा था। कुएं के क़रीब पहुँच कर वो यकायक ठिटका और गर्दन उठा कर मेरी तरफ़ देखते हुए कहा, "पानी पियूंगा।"

मैं फ़ौरन चबूतरे पर से उठा और पंप का हैंडल हिलाते हुए उस अजनबी से कहा, "आईए।"

अच्छी तरह पानी पी चुकने के बाद उसने अपने कोट की मैली आस्तीन से मुँह पोंछा और वापस चलने को ही था कि मैंने धड़कते हुए दिल से दरयाफ़्त किया, "क्या अभी-अभी आप ही गा रहे थे?"

"हाँ, मगर आप क्यों दरयाफ़्त कर रहे हैं?" ये कहते हुए उसने अपना सर फिर उठाया। उसकी आँखें जिनमें सुर्ख़ डोरे ग़ैर-मामूली तौर पर नुमायां थे, मेरी क़ल्बी

वारदात का जायज़ा लेती हुई मालूम हो रही थीं। मैं घबरा गया।

"आप ऐसे गीत न गाया करें... ये सख़्त ख़ौफ़नाक हैं।"

"ख़ौफ़नाक! नहीं, इन्हें हैबतनाक होना चाहिए। जबकि मेरे राग के हर सुर में रिस्ते हुए ज़ख़्मों की जलन और रुकी हुई आहों की तपिश मस्तूर है। मालूम होता है कि मेरे शोलों की ज़बानें आपकी बरफ़ाई हुई रूह को अच्छी तरह चाट नहीं सकीं।" उसने अपनी नोकीली ठोढ़ी को उंगलियों से खुजलाते हुए कहा, "ये अलफ़ाज़ उस शोर के मुशाबेह थे जो बर्फ़ के ढेले में तप्ती हुई सलाख गुज़ारने से पैदा होता है।"

"आप मुझे डरा रहे हैं?"

मेरे ये कहने पर उस मर्द-ए-अ'जीब के हलक़ से एक क़हक़हा नुमा शोर बुलंद हुआ, "हा, हा, हा,... आप डर रहे हैं। क्या आपको मालूम नहीं कि आप इस वक़्त उस मुंडेर पर खड़े हैं जो आज से कुछ अ'र्सा पहले बेगुनाह इंसानों के ख़ून से लिथड़ी हुई थी। ये हक़ीक़त मेरी गुफ़्तुगू से ज़्यादा वहशत ख़ेज़ है।"

ये सुन कर मेरे क़दम डगमगा गए, मैं वाक़ई ख़ूनीं मुंडेर पर खड़ा था। मुझे ख़ौफ़ज़दा देख कर वो फिर बोला,"थर्राई हुई रगों से बहा हुआ लहू कभी फ़ना नहीं होता... इस ख़ाक के ज़र्रे-ज़र्रे में मुझे सुर्ख़ बूंदें तड़पती नज़र आ रही हैं। आओ, तुम भी देखो!"

ये कहते हुए उसने अपनी नज़रें ज़मीन में गाड़ दीं। मैं कुएं पर से नीचे उतर आया और उसके पास खड़ा हो गया। मेरा दिल धक-धक कर रहा था। दफ़अ'तन उसने अपना हाथ मेरे कांधे पर रखा और बड़े धीमे लहजे में कहा, "मगर तुम इसे नहीं समझ सकोगे... ये बहुत मुश्किल है!"

मैं उसका मतलब बख़ूबी समझ रहा था। वो ग़ालिबन मुझे उस ख़ूनी हादिसे की याद दिला रहा था जो आज से सोलह साल क़ब्ल इस बाग़ में वाक़ा हुआ था। इस हादिसे के वक़्त मेरी उम्र क़रीबन पाँच साल की थी। इसलिए मेरे दिमाग़ में उसके बहुत धुंदले नुक़ूश बाक़ी थे लेकिन मुझे इतना ज़रूर मालूम था कि इस बाग़ में अ'वाम के एक जलसे पर गोलियां बरसाई गई थीं जिसका नतीजा क़रीबन दो हज़ार अम्वात थीं। मेरे दिल में उन लोगों का बहुत एहतराम था जिन्होंने अपनी मादर-ए-वतन और

जज़्बा-ए-आज़ादी की ख़ातिर अपनी जानें क़ुर्बान कर दी थीं।

बस इस एहतराम के इलावा मेरे दिल में हादिसे के मुतअ'ल्लिक़ और कोई ख़ास जज़्बा न था। मगर आज इस मर्द-ए-अ'जीब की गुफ़्तुगू ने मेरे सीने में एक हैजान सा बरपा कर दिया। मैं ऐसा महसूस करने लगा कि गोलियां तड़ातड़ बरस रही हैं और बहुत से लोग वहशत के मारे इधर उधर भागते हुए एक दूसरे पर गिर कर मर रहे हैं। इस असर के तहत मैं चिल्ला उठा।

"मैं समझता हूँ... मैं सब कुछ समझता हूँ। मौत भयानक है, मगर ज़ुल्म इससे कहीं ख़ौफ़नाक और भयानक है!"

ये कहते हुए मुझे ऐसा महसूस हुआ कि मैंने सब कुछ कह डाला है और मेरा सीना बिल्कुल ख़ाली रह गया है। मुझ पर एक मुर्दनी सी छा गई। ग़ैर इरादी तौर पर मैंने उस शख़्स के कोट को पकड़ लिया और थराई हुई आवाज़ में कहा,"आप कौन हैं?... आप कौन हैं?"

"आहों का ब्योपारी... एक दीवाना शायर।"

"आहों का ब्योपारी! दीवाना शायर!" उसके अलफ़ाज़ ज़ेरे लब गुनगुनाते हुए मैं कुएं के चबूतरे पर बैठ गया। उस वक़्त मेरे दिमाग़ में इस दीवाने शायर का गीत गूंज रहा था। थोड़ी देर के बाद मैंने अपना झुका हुआ सर उठाया। सामने सपेदे के दो दरख़्त हैबतनाक देवों की तरह अंगड़ाईआं ले रहे थे।

पास ही चम्बेली और गुलाब की ख़ारदार झाड़ियों में हवा आहें बिखेर रही थी। दीवाना शायर ख़ामोश खड़ा सामने वाली दीवार की एक खिड़की पर निगाहें जमाए हुए था! शाम के ख़ाकिस्तरी धुंदलके में वो एक साया सा मालूम हो रहा था। कुछ देर ख़ामोश रहने के बाद वो अपने ख़ुश्क बालों को उंगलियों से कंघी करते हुए गुनगुनाया।

"आह! ये सब कुछ ख़ौफ़नाक हक़ीक़त है, किसी सहरा में जंगली इंसान के पैरों के निशानात की तरह ख़ौफ़नाक!"

"क्या कहा?"

मैं उन अलफ़ाज़ को अच्छी तरह सुन न सका था, जो उसने मुँह ही मुँह में अदा किए थे।

"कुछ भी नहीं।" ये कहते हुए वो मेरे पास आकर चबूतरे पर बैठ गया।

"मगर आप गुनगुना रहे थे।"

इस पर उसने अपनी आँखें एक अ'जीब अंदाज़ में सुकेड़ीं और हाथों को आपस में ज़ोर ज़ोर से मलते हुए कहा, "सीने में क़ैद किए हुए अलफ़ाज़ बाहर निकलने के लिए मुज़्तरिब होते हैं। अपने आप से बोलना उस उलूहियत से गुफ़्तुगू करना है जो हमारे दिल की पहनाइयों में मस्तूर होती है।" फिर साथ ही गुफ़्तुगू का रुख़ बदलते हुए, "क्या आपने उस खिड़की को देखा है?"

उसने अपनी उंगली उस खिड़की की तरफ़ उठाई जिसे वो चंद लम्हा पहले टकटकी बांधे देख रहा था। मैंने उस जानिब देखा। छोटी सी खिड़की थी जो सामने दीवार की ख़स्ता ईंटों में सोई हुई मालूम होती थी।

"ये खिड़की जिसका डंडा नीचे लटक रहा है?" मैंने उससे कहा।

"हाँ यही, जिसका एक डंडा नीचे लटक रहा है। क्या तुम इस पर उस मासूम लड़की के ख़ून के

छींटे नहीं देख रहे हो जिसको सिर्फ़ इसलिए हलाक किया गया था कि तरकश-ए-इस्तिबदाद को अपने तीरों की क़ुव्वत-ए-परवाज़ का इम्तहान लेना था... मेरे अज़ीज़! तुम्हारी उस बहन का ख़ून ज़रूर रंग लाएगा। मेरे गीतों के ज़ेर-ओ-बम में उस कमसिन रूह की फड़फड़ाहट और उसकी दिलदोज़ चीख़ें हैं।

ये सुकून के दामन को तार तार करेंगे, एक हंगामा होगा। सीना-ए-गीती शिक़ हो जाएगा। मेरी बे-लगाम आवाज़ बलंद से बलंदतर होती जाएगी... फिर क्या होगा? फिर क्या होगा? ये मुझे मालूम नहीं। आओ, देखो, इस सीने में कितनी आग सुलग रही है!"

ये कहते हुए उसने मेरा हाथ पकड़ा और उसे कोट के अंदर ले जा कर अपने सीने पर रख दिया। उस के हाथों की तरह उसका सीना भी ग़ैरमामूली तौर पर गर्म था। उस वक़्त उसकी आँखों के डोरे बहुत उभरे हुए थे। मैंने अपना हाथ हटा लिया और काँपती हुई आवाज़ में कहा,"आप अ'लील हैं। क्या मैं आपको घर छोड़ आऊं?"

"नहीं मेरे अ'ज़ीज़, मैं अ'लील नहीं हूँ।" उसने ज़ोर से अपने सर को हिलाया, "ये इंतक़ाम है जो मेरे अंदर गर्म

सांस ले रहा है। मैं इस दबी हुई आग को अपने गीतों के दामन से हवा दे रहा हूँ कि ये शोलों में तबदील हो जाये।"

"ये दुरुस्त है मगर आपकी तबीयत वाक़िअ'तन ख़राब है। आपके हाथ बहुत गर्म हैं। इस सर्दी में आप को ज़्यादा बुख़ार हो जाने का अंदेशा है।"

उसके हाथों की ग़ैरमामूली गर्मी और आँखों में उभरे हुए सुर्ख़ डोरे साफ़ तौर पर ज़ाहिर कर रहे थे कि उसे काफ़ी बुख़ार है।

उसने मेरे कहने की कोई पर्वा न की और जेबों में हाथ ठूंस कर मेरी तरफ़ बड़े ग़ौर से देखते हुए कहा,"ये क्योंकर मुम्किन हो सकता है कि लकड़ी जले और धूवां न दे। मेरे अ'ज़ीज़! इन आँखों ने ऐसा समां देखा है कि उन्हें उबल कर बाहर आना चाहिए था। क्या कह रहे थे कि मैं अ'लील हूँ... हा, हा, हा, अ'लालत... काश कि सब लोग मेरी तरह अ'लील होते। जाईए, आप ऐसे नाज़ुक मिज़ाज मेरी आहों के ख़रीदार नहीं हो सकते।"

"मगर..."

"मगर वगर कुछ नहीं।" वो दफ़अ'तन जोश में चिल्लाने लगा, "इंसानियत के बाज़ार में सिर्फ़ तुम लोग बाक़ी रह गए हो, जो खोखले क़हक़हों और फीके तबस्सुमों के ख़रीदार हो। एक ज़माने से तुम्हारे मज़लूम भाईयों और बहनों की फ़लक शिगाफ़ चीख़ें तुम्हारे कानों से टकरा रही हैं। मगर तुम्हारी ख़्वाबीदा समाअ'त में इर्तिआ'श पैदा नहीं हुआ। आओ, अपनी रूहों को मेरी आहों की आंच दो। ये उन्हें हस्सास बना देगी।"

मैं उसकी गुफ़्तुगू को ग़ौर से सुन रहा था। मैं हैरान था, कि वो चाहता क्या है और उसके ख़यालात इस क़दर परेशान व मुज़्तरिब क्यों हैं। बेशतर औक़ात मैंने ख़याल किया कि शायद वो पागल है। उसकी गुफ़्तगू बामा'नी ज़रूर थी। मगर लहजे में एक अ'जीब क़िस्म की दीवानगी थी। उसकी उम्र यही कोई पच्चीस-तीस बरस के क़रीब होगी, दाढ़ी के बाल जो एक अ'र्सा से मूंडे न गए थे। कुछ इस अंदाज़ में उसके चेहरे पर उगे हुए थे कि मालूम होता था, किसी ख़ुश्क रोटी पर बहुत सी च्यूंटियां चिमटी हुई हैं। गाल अंदर को पिचके हुए, माथा बाहर की तरफ़ उभरा हुआ।

नाक नोकीली, आँखें बड़ी जिनसे वहशत टपकती थी। सर पर ख़ुश्क और ख़ाक-आलूदा बालों का एक हुजूम। बड़े से भूरे कोट में वो वाक़ई शायर मालूम हो रहा था... एक दीवाना शायर, जैसा कि उसने ख़ुद इस नाम से अपने आपको मुतआ'रिफ़ कराया था।

मैंने अक्सर औक़ात अख़बारों में एक जमा'त का हाल पढ़ा था। उस जमा'त के ख़यालात दीवाने शायर के ख़यालात से बहुत हद तक मिलते जुलते थे। मैंने ख़याल किया कि शायद वो भी उसी जमा'त का रुक्न है।

"आप इन्क़लाबी मालूम होते हैं।"

इस पर वो खिलखिला कर हंस पड़ा, "आपने ये बहुत बड़ा इन्किशाफ़ किया है। मियां, मैं तो कोठों की छतों पर चढ़ चढ़ कर पुकारता हूँ, मैं इन्क़लाबी हूँ, मैं इन्क़लाबी हूँ। मुझे रोक ले जिससे बन पड़ता है। आपने वाक़ई बहुत बड़ा इन्किशाफ़ किया है।"

ये कह कर हंसते हुए वो अचानक संजीदा हो गया।

"स्कूल के एक तालिब-ए-इल्म की तरह इन्क़लाब के हक़ीक़ी मआ'नी से तुम भी ना-आश्ना हो, इन्क़लाबी वो है जो हर नाइंसाफ़ी और हर ग़लती पर चिल्ला उठे।

इन्क़लाबी वो है जो सब ज़मीनों, सब आसमानों, सब ज़बानों और सब वक़्तों का एक मुजस्सम गीत हो। इन्क़लाबी, समाज के क़स्साब ख़ाने की एक बीमार और फ़ाक़ों मरी भीड़ नहीं वो एक मज़दूर है तनोमंद, जो अपने आहनी हथौड़े की एक ज़र्ब से ही अर्ज़ी जन्नत के दरवाज़े वा कर सकता है। मेरे अ'ज़ीज़! ये मंतिक़, ख़्वाबों और नज़रियों का ज़माना नहीं, इन्क़लाब एक ठोस हक़ीक़त है, ये यहां पर मौजूद है। उसकी लहरें बढ़ रही हैं। कौन है जो अब इसको रोक सकता है। ये बंद बांधने पर न रुक सकेंगी!"

उसका हर लफ़्ज़ हथौड़े की उस ज़र्ब की मानिंद था जो सुर्ख़ लोहे पर पड़ कर उसकी शक्ल तबदील कर रहा हो। मैंने महसूस किया कि मेरी रूह किसी ग़ैर मरई चीज़ को सजदा कर रही है।

शाम की तारीकी बतदरीज बढ़ रही थी, नीम के दरख़्त कपकपा रहे थे। शायर मेरे सीने में एक नया जहां आबाद कर रहा था। अचानक मेरे दिल से कुछ अलफ़ाज़ उठे और लबों से बाहर निकल गए।

"अगर इन्क़लाब यही है, तो मैं भी इन्क़लाबी हूँ!"

शायर ने अपना सर उठाया और मेरे कांधे पर हाथ रखते हुए कहा, "तो फिर अपने ख़ून को किसी तश्तरी में निकाल कर रख छोड़ो, कि हमें आज़ादी के खेत के लिए इस सुर्ख़ खाद की बहुत ज़रूरत महसूस होगी। आह! वो वक़्त किस क़दर ख़ुशगवार होगा जब मेरी आहों की ज़र्दी तबस्सुम का रंग इख़्तियार कर लेगी।"

ये कह कर वो कुएं की मुंडेर से उठा और मेरे हाथ को अपने हाथ में लेकर कहने लगा, "इस दुनिया में ऐसे लोग मौजूद हैं जो हाल से मुतमइन हैं। अगर तुम्हें अपनी रूह की बालीदगी मंज़ूर है तो ऐसे लोगों से हमेशा दूर रहने की सई करना। उनका एहसास पथरा गया है। मुस्तक़बिल के जां-बख़्श मनाज़िर उनकी निगाहों से हमेशा ओझल रहेंगे। अच्छा, अब मैं चलता हूँ।"

उसने बड़े प्यार से मेरा हाथ दबाया, और पेशतर इसके कि मैं उससे कोई और बात करता वो लंबे क़दम उठाता हुआ झाड़ियों के झुंड में ग़ायब हो गया।

बाग़ की फ़िज़ा पर ख़ामोशी तारी थी। मैं सर झुकाए हुए ख़ुदा मालूम कितना अ'र्सा अपने ख़यालात में ग़र्क़ रहा कि अचानक उस शायर की आवाज़ रात की रानी

की दिलनवाज़ ख़ुशबू में घुली हुई मेरे कानों तक पहुंची। वो बाग़ के दूसरे गोशे में गा रहा था;

ज़मीन सितारों की तरफ़ ललचाई हुई नज़रों से देख रही है।

उठो और इन नगीनों को उसके नंगे सीने पर जड़ दो।

ढाओ, खोदो, चीरो, मारो।

नई दुनिया के मे'मारो! क्या तुम्हारे बाज़ुओं में क़ुव्वत नहीं है?

मैं आहों का ब्योपारी हूँ।

लहू की शायरी मेरा काम है

गीत ख़त्म होने पर मैं बाग़ में कितने अ'र्से तक बैठा रहा। ये मुझे क़तअ'न याद नहीं। वालिद का बयान है कि मैं उस रोज़ घर बहुत देर से आया था।